「欲しい」の本質

人を動かす隠れた心理「インサイト」の見つけ方

INSIGHT

Takahiro Omatsu
大松孝弘
Hiroyuki Hada
波田浩之

宣伝会議

はじめに

人は何を「欲しい」と思っているのだろう？


多くの人が、それを知りたいと思っています。

何が欲しい？　どんなものが欲しい？　どんな風にして欲しい？　なぜ欲しい？

それがわかれば、新しい価値を生み出せる。ヒットを生み出せる。そう信じて、「欲しい」について考えています。


しかし、そう簡単に「欲しい」が見えてこないのが、今の時代です。

どんなものにも「だいたい、良いんじゃないですか？」と思える時代。悪くはない、でも決め手がない、だからとりたてて「欲しい」という気持ちになれない。

ほとんどの商品やサービスを前にして、人々はそんな気持ちを抱いているのが実情です。


普通に見ていても、人々の「欲しい」は、視界に入ってこない。

行きたいところにたどりつけない迷子のように、多くの人がさまよっている。

「欲しい」が見えてこないのは、なぜなのでしょう？

それは、当然のことです。
「欲しい」は、隠れているからです。
だから、普通にぼんやりと眺めていても、あなたの目には入ってきません。

では、どうしたらいいのでしょう？

隠れているものを探すには、そのための道具が必要です。
それが、「インサイト」です。

「インサイト」って、何ですか？
疑問を感じた方のために、まずその「定義」だけをお伝えしておきます。
インサイトとは、「人を動かす隠れた心理」のことです。
これがわかれば、見えてこなかった「欲しい」が理解できるようになります。

普通に考えていては見えづらい「欲しい」がわかるようになれば、ヒットを生み出すアイデアも手に入れられます。

そのインサイトという強力な「武器」は、身につけられるのです。

この本では、インサイトという武器の考え方、使いこなし方を紹介していきます。

そして、「欲しい」を知りたいと悩み、迷子となっている人の力になります。

この本が、インサイトをそのように説明し、伝えられるのはなぜなのか、を理解していただくために、ここで著者である私たちのことを少しお話しします。

私たちは、過去15年間でインサイトを扱うプロジェクトを、さまざまな企業から依頼を受けて600件以上担当してきました。商品やブランドの開発、コミュニケーションやマーケティングアイデアの開発をはじめ、インサイトに着目した企業の新たなビジネスの支援や、インサイトを社内に理解・浸透させるための企業内セミナーといったことも実施しています。

今でこそ、このように書くことができますが、過去には苦い経験も数多くありました。

インサイトという考え方は面白い。だから一緒にやってみましょう、御社の力になれます！　とスタートしたプロジェクト。

それなのに、思ったようにインサイトを見つけることができない。

リサーチを行い、分析して探し当てたインサイトを報告しても、そのインサイトそのものを理解してもらえない。

こちらでは良いインサイトを見つけたつもりでも、そこからプロジェクトとして良いアイデアにつながらない。

自分たちも自信を失いかけたことがありました。


しかし、その失敗を糧に、「なぜダメなのか？」を考え、その答えを探してきました。

逆に「こんな風にできませんか？」という問いかけに応えるべく、必死で新しい方法を生み出し、大小さまざまな改善を繰り返してきました。


そのような改善の過程を経て理解を深めると同時に、「なんとなくインサイトを活用する」という企画者の勘に頼った、その場その場での対応ではないものが必要と考えました。

作業を体系化し、使いやすいフレームを作り上げ、一部の人だけでなく誰もがインサイトを使って答えを出せる方法論にまとめたのです。それが、本書で紹介する、「インサイトに関する体系化された実践知」です。最後までお読みいただければ、その実践知を理解し、身につけていただくことができます。

また、インサイトの活用に関する事例もいろいろと紹介します。インサイトについての理解が深まらない理由には、説明に具体性が不足していることも大きな原因となっていると思うからです。「こういうことがインサイトなのか」といったことを、具体的にお見せすることによって理解していただけます。

マーケティング、研究開発、事業開発の部門に携わる方にはぜひご一読いただきたい内容となっています。あるいは、アイデアを作る仕事に関係する人、イノベーションを起こしたい人、そのような方であれば、この本は間違いなく力になるはずです。さらに、コミュニケーションや広告のクリエイティブ、プロモーション、ｅコマース、サイト運営、Ｗｅｂ制作、アプリ開発、等々に関わる、さまざまな領域の方に、有効なヒントを発見していただけます。

それでは「欲しい」の本質、インサイトについて具体的に説明していきましょう。

目次◆「欲しい」の本質　人を動かす隠れた心理「インサイト」の見つけ方

はじめに ―― 2

第1章 人の〝欲しい〟は隠れている

01 いま、消費者は「だいたい、良いんじゃないですか？」の時代 ―― 18

インサイトの考え方が求められる背景とは／問題がゴロゴロ転がっていた時代は、その問題を解決すれば良かった／「ガラケーからスマホ」のような、隠れた欲求を満たすものが必要

02 人を動かす隠れた心理＝インサイト ―― 27

マクドナルドの大きな誤算／隠れた心理を探る／「95%の無意識」にアプローチする／「家の鍵を開けること」に隠れたインサイト／イノベーションは「顧客の声」からは生まれない／消費行動に影響を与える「認知バイアス」／答えを持っていないのに、聞かれると答えてしまう／「インサイト」と「ニーズ」の違い

03 なぜ先進企業はインサイトに注目するのか —— 43

当初は広告領域で注目された概念／徐々にマーケティング領域に拡大／新たな潮流「デザイン思考」との共通項／人間が求めているものは何か、を見出す／インサイトは企業でどう使われているか／インサイトを戦略の核に置く、グローバル企業

第2章 〝人を動かす隠れた心理＝インサイト〟の構造を理解する

01 優れた作り手は消費者の心理をどう読んだのか —— 54

事例「会いに行けるアイドル」ＡＫＢ48／キーインサイト、バリュープロポジション、アイデアというフレームワーク／事例「大人が夢中になれる場所」ディズニーランド／事例「受験生を応援する」キットカット／インサイトの活用領域

02 インサイトを構成する４つの要素 —— 67

「客観的な事実に基づく感情」がインサイト／感情だけを追うと、アイデアが的外れになる／インサイトを構成する４つの要素

03 インサイトは3つのタイプに分類できる ——— 75

3つのタイプ「価値」「不満」「未充足欲求」／「価値」のインサイトと、そこから導かれるアイデア／「不満」のインサイトと、そこから導かれるアイデア／「未充足欲求」のインサイトと、そこから導かれるアイデア／「キーインサイト」の要件／「価値」のインサイトで人はどう動くか／「不満」のインサイトで人はどう動くか／「未充足欲求」のインサイトと「人が動く」の関係／人を動かさない心理はインサイトではない

04 人の欲望は天使と悪魔の両面で捉える ——— 91

欲求を基点としてインサイトを考える／表（善）だけを見ると「きれいごと」になりがち／人間の欲望を8つに分類した「欲望マンダラ」／デビルインサイトの例「制」傲慢・支配／デビルインサイトの例「暴」暴発・色欲／エンジェルインサイトの例「容」親密・承認／エンジェルインサイトには要注意、一度デビルを疑ってみる

第3章 ユーザーや競合ではなく〝人間を見に行く〟

01 〝人間を見に行く〟ことがイノベーションの出発点 108
「人間を見に行く」から始める／近視眼的な発想では消耗戦を続けるだけ

02 イノベーションを実現したアイデアとインサイト 111
イノベーションに必要なのは「非連続性」／「新路線（破壊系）」の例 AKB48／「新路線（破壊系）」の例 ディズニーランド／「新路線（ズラシ系）」の例 マウンテンバイク

03 人間を見に行く＝ターゲットの興味や関心に寄り添うこと 118
直接、消費者に答えを求めてはいけない／人間を見に行くことから、「買わない理由」を理解する／事例 幼児向け通信教育ブランドの価値向上／事例 若者のクルマ離れを食い止める／「関心のないこと」のインサイトを、「人間を見に行く」考え方で調べる／事例 男性ミドル層のスキンケアに関するインサイトを調べる／普通の人のちょっと変わった事象を収集する「新奇事象」／「新奇事象」を収集するには

04 〝人間を見に行く〟ための道しるべ 137
「人間を見に行く」ふたつの道しるべ／アプローチ① VIL／アプローチ② 生活の14分類

第4章

成熟市場におけるビジネス機会の見つけ方

01 6つのフェーズで構成されるプロジェクトの工程 ―― 148
インサイトは現状を打開するための有効な手段／6つのプロセスに分類できる

02 インサイトリサーチの前に必要なオポチュニティ発見 ―― 154
「オポチュニティ発見」とインサイト

03 オポチュニティ発見のメソッド ―― 157
強制発想法を用いたオポチュニティの見つけ方「スペースファインダー」／事例 白髪まじりの黒髪を銀髪に見せるワックス／「Webアクチュアルデータ分析」によるオポチュニティ発見／事例「Google Trends」によるオポチュニティ発見／オポチュニティも玉石混淆。「玉」を見つけるには「玉度モデル」

第5章 インサイトを発掘する方法

01 インサイトを明らかにする方法 168

意識の下に隠れている「無意識」へのアプローチ／インサイト探索の留意点／「考えさせない」ことがもっとも重要／インサイトリサーチの手法は「心理学」系と「文化人類学」系の2系統／インサイト理解のためのデータ収集のパターン「集める」と「集まる」

02 心理学に基づく感情からのアプローチ 177

ビジュアル刺激法

写真を用いて無意識にアプローチするビジュアル刺激法／ビジュアル刺激法の実施方法／消費者が求める「五感」をリッチに言語化

文章完成法

文章完成法による投影

03
文化人類学に基づく事実からのアプローチ　186

行動観察
行動観察によるインサイト探索／観察する際の留意点／行動観察のプロセスと、留意すべきポイント

ソーシャルリスニング
ネット上の発言を素材としてインサイトを探るソーシャルリスニング／ソーシャルリスニングの3つのステップと留意点

コミュニティリサーチ
コミュニティリサーチ（MROC）は集めて、集まる／実況報告のように書き込んでもらい、利用状況を把握

04
インサイトの読み解き方　202

ポイント① 「離せ、戻せ」で考える／ポイント② 良いアイデアにつながるかどうかを意識する／ポイント③ 生の素材から感じる違和感を大切にする／ポイント④ 正しい、ではなく、面白い／ポイント⑤ 「既存路線」でない「新路線」に着目する／ポイント⑥ 「組み合わせの妙」を見つける／ポイント⑦ 隠していること、言えないことを意識する／インサイトの3分類・4要素で考える

第6章 既成概念を壊してアイデアを手に入れる

01 ワークショップでアイデアを開発する――214
イノベーションを阻む「既成概念」を壊す／インサイトとアイデアの関係を「枠の中」で考える／ワークショップの基本構成／「なんとなくワークショップ」とは完全に異なる場を作る

02 アイデア開発の精度を高める〝ひとこと化メソッド〟――223
優れたアイデアは「ひとこと」で表現できる／ひとこと化メソッドの基本／実例で読み解く「ひとこと化の法則」 法則②理想プレゼン／実例で読み解く「ひとこと化の法則」 法則④タイム&ロケーションシフト／実例で読み解く「ひとこと化の法則」 法則⑤ズラす新鮮

03 〝インサイトマンガ〟でインサイトを直観的に共有する――234
「伝わり方」が格段に違ってくる／マンガでアイデアの理解も容易になる

04 アイデアの実現可能性をコントロールする〝技術カード〟――239
アイデアをインサイトとシーズの両面から考えるために／技術カードの作成プロセス

05 キーインサイト・バリュープロポジション・アイデアの検証 243
そのキーインサイトはどれだけ共感を集めるか／アイデアのプロトタイピングと検証／キーインサイトの評価とアイデアの評価の関連性で検証する

第7章 インサイトを活用した業務プロセスの構築

01 インサイトを起点とする業務プロセスの再確認 254
「人間を見に行く」ことから始める考え方／インサイトをベースに発想する業務プロセス

02 インサイトを活用した業務プロセスを構築する際のポイント 261
4つのポイントがある

あとがき 265

第1章

人の〝欲しい〟は隠れている

01

いま、消費者は「だいたい、良いんじゃないですか？」の時代

インサイトの考え方が求められる背景とは

「はじめに」で述べたように、「欲しい」を知るためには、「人を動かす隠れた心理」である「インサイト」を見つける必要があります。そもそも、インサイトとは何か。

それを説明する前に、なぜインサイトという考え方が必要になってきたのかについて、お話ししましょう。この点を理解していただくことが、インサイトを知る近道になるからです。

なぜインサイトという考えが必要になってきたか。

その答えは——「だいたい、良いんじゃないですか？　時代」がやってきたから、です。

「だいたい、良いんじゃないですか？　時代」とは何か。

たとえば、あなたが街を歩いていて、「ペットボトル入りのお茶が飲みたい」と思い、目についたコンビニエンスストアに入ったとしましょう。

明らかに「不味そうだな」という商品はさすがに並んでいません。

しかし、「こういうお茶が飲みたかったんだ！」と思えるようなお茶がありません。

どのお茶も「だいたい、良いんじゃないですか？」とは思える。でも、それ以上の言葉が出てこないのです。

あるいは、家電量販店で、液晶テレビのコーナーに行ったとします。

何十台ものテレビが陳列されています。

どれも画質はきれいです。４Ｋだ、フルハイビジョンだ、という声も聞こえます。

でも、「ふーん、それで?」と感じるだけで、心が動くことがありません。

ここでも「だいたい、良いんじゃないですか?」という結論に落ち着きそうです。

「いや、私はこの緑茶が大好き。だって明らかにおいしいから、これがいいんです」

「同じ４Ｋテレビでも画質は全然違うし、この機種の録画機能はすごく充実している」

そんな人もいるかもしれません。しかし、多くの人は、こんな「だいたい、良いんじゃないですか?」な気分ではないでしょうか。

お茶やテレビはあくまで一例に過ぎません。あらゆるモノ・サービスが、「だいたい、良いんじゃないですか?」という状況になっているのです。ちなみに、この状況は、先進国に共通の現象だといわれています。

これは一体、どういうことなのでしょうか。

ここから思い浮かぶ言葉は、「市場の成熟化」であり、「コモディティ化」「陳腐化」です。

マーケティング研究の第一人者であるフィリップ・コトラー氏は、近年先進国の経済は低成長下にあり、そこで求められているのはイノベーションであると指摘しています。中でも、日本は1980年代までの成功体験を超えていかなければならないと述べています。

生きていく上で必要なモノ・サービスが行き渡り、「欲しいものがない」といわれる時代。ニーズが失われ、概ね充たされてしまったこの環境下で、従来発想の延長線上にある、いわゆるオペレーション発想で生み出される商品やサービスで、消費者の心を動かすことは困難です。

どうすれば、この状況を変えられるのでしょうか?

問題がゴロゴロ転がっていた時代は、その問題を解決すれば良かった

その答えを探すために、「だいたい、良いんじゃないですか？　時代」の前は、どんな時代だったのかを考察してみましょう。

それは、「だいたい、良くない時代」でした。「良い」では済ませられない、まだまだ問題が多かった時代です。

たとえば、日本の夏は暑い、です。何もなければ暑くて仕事ができないほどに。その暑さという問題を解決するために、エアコン（当時の呼び方だと「クーラー」ですが）が普及し始めました。

オフィスの中でエアコンを使えば、夏でも涼しくなり、仕事がはかどります。

扇風機でしのいでいた家でもエアコンをつければ、涼しく過ごせます。

だからエアコンを作ればどんどん売れました。

「暑いから涼しくするものを売る」。考えるまでもなく、自明のことです。

そんな時代に、エアコンを作る企業に必要とされていたのは、「よく冷える」エアコンを供給することでした。あるいは、そのエアコンが「丈夫で壊れない」こと。そしてそれ

を「安く提供できる」こと。

少しでも冷えるように、少しでも安く。そうした価値を確実に、安定して提供できるオペレーション力。これが日本企業の得意分野で、世界にその力量を賞賛されました。「ジャパン・アズ・ナンバーワン」といわれ、世界が日本を見習おう、といっていた時代です。エアコンだけではなく、他にもそのような商品がたくさんありました。頭を悩ませなくても、そういった商品を作ればちゃんと売れたのです。多くの商品が世界中で売れて、良いものを低価格で安定的に提供する企業が評価されました。

そんな「だいたい、良くない時代」、すなわち「わかりやすい問題に応えていればモノが売れた時代」はすでに終わりを告げています。今、ほとんどの商品やサービスは、「だいたい、良いんじゃないですか？　時代」へと移行してきました。

一般的に認識されている「わかりやすい問題」は、いわゆる「ニーズ」です。ニーズには、たとえば「アルツハイマー病を治したいが、治らない」といったわかりやすい問題で解決できていないものも残されていますが、それも新たな技術の登場で次々と解決され、あっという間にコモディティ化（陳腐化）していきます。

今の時代の商品であれば、買って不満を感じるレベルのものはほとんどありません。お店でもネットでも簡単に、そこそこの値段でそれらを手に入れることができます。

しかし、「だいたい、良いんじゃないですか？」とは異なる、「これは、私の『欲しい！』という気持ちを満たしてくれそう」と思えるものには、なかなか出会うことができなくなっている。そういったものが作られていないし、ほとんどの人々がそういうものに出会えていない、というのが、今の日本の実情です。

「だいたい、良いんじゃないですか？　時代」、あるいは「市場が成熟化した社会」というのは、そういうことです。

このようにお話しすると、多くの方に納得していただけます。ただ、納得はできても、「『だいたい、良いんじゃないですか？』を超える商品・サービスをどうやって作ればいいのか」の答えは見つかりません。

あるいは、「だいたい、良いんじゃないですか？　時代」の現状に気づかず、なぜ昔売れていたものが売れないのだろうかと悩んでいる方も多くいます。

解決のヒントはどこにあるのでしょうか。

「ガラケーからスマホ」のような、隠れた欲求を満たすものが必要

かつて、携帯電話の市場が急成長していった時期がありました。新しいサービスが開発され、携帯電話機の売上も非常に伸びました。

市場にそれが導入され、改良されながら成長していたころ、日本のメーカーは「ジャパン・アズ・ナンバーワン」と賞賛されたように、一生懸命に携帯電話機を作っていました。機能を改善しよう、少しでも安くできないか、小さく、軽くしよう。使い勝手はどうか……。

努力は繰り返され、「つながりやすい」「通信速度が速くなる」「音が良い」といった改良が続きます。しかし、だんだんとその「改善」は印象の薄いものになってしまいました。そして、どの携帯電話機を見ても「特に買い換えとかしなくてもいいか」といった「だいたい、良いんじゃないですか？」の状況に変わっていったのです。

そんな折、２００７年にアップルから iPhone が発売されました。発表の際に、スティーブ・ジョブズ氏が語ったのは、「電話機をもう一度発明する」ということ。これまでの世界とはまったく違う次元で競争しようというプレーヤーが、いきなり登場してきたので

す。

発売後、一気に市場が変わったわけではありません。しかし、新たな機能やアプリ、サービスが次々に提供され、隠れていた「つながりへの欲求」が満たされたことで、モバイル通信市場の主役はスマートフォンが奪い、気がつくと10年経った市場はスマホ一色になっています。

一方、日本のメーカーが一生懸命作っていた従来型の機種は、「ガラパゴスケータイ」を略して「ガラケー」と呼ばれるようになりました。そして、そのガラケーも生産縮小せざるを得なくなり、トップシェアを競っていた大手メーカーですら、事業撤退や事業統合という事態に追い込まれることになったのです。独自の進化を遂げた結果、環境汚染や外来種によって淘汰の危機に襲われたガラパゴス諸島の生物そのままに。

このスマホとガラケーの対比から大事なことがわかります。

それは、「だいたい、良いんじゃないですか？　時代」の中では、小さい差を競い合うのではなく、「隠れた欲求」に応える「革新的変化＝イノベーション」でまったく新しいものを作り出すことが必要、ということです。

今あるものの延長線上で競い合っていても「だいたい、良いんじゃないですか？」以上の評価は得られません。最後は価格競争で消耗戦に陥り、疲弊するのがオチです。

ではどうすればいいのか。それを考える時に、カギになるのが「インサイト」です。

これまでとは違った革新的なアイデアでイノベーションを起こすために、インサイトという考え方が大きな力になります。

02

人を動かす隠れた心理＝インサイト

マクドナルドの大きな誤算

では、インサイトとは、何でしょうか？

インサイトは「人を動かす隠れた心理」と定義されます。

人間の心の中にあるさまざまな心理。その中で、人を動かす、言い換えればその人に変化をもたらすことに結びつく心理、を指します。

「人を動かす」なので、たとえば「ブランドAのインサイト」であれば、そのAを買ってもらうことや、Aを好きになってもらうことに関係する心理、ということになります。あくまでAに関わることであることが、インサイトの前提です。

事例で説明しましょう。２００６年当時の日本マクドナルドの話です。社長であった原田泳幸氏は、著書でこのように記しています。

お客さまに「どんな商品が欲しいですか」とアンケート調査をすると必ず「低カロリー」とか「オーガニック」とか「ヘルシー」とか、健康重視のメニューが挙がります。ところが、４枚のパティが入ったメガマックを発売しても、クォーターパウンダーを発売しても、若い女性が平気でメガマックやダブルクォーターパウンダーを食べているわけです。お客さまのおっしゃることと、実際の行動はまったく違うということです。

ここで登場するように、アンケート調査で「サラダを置いてほしい」「ヘルシーなメニューを食べたい」といった声が寄せられていたため、その意見を参考にした新商品「サラダマック」が２００６年に導入されました。しかし、それだけ「お客さまの意見」として求められているはずなのに実際には売上が伸びず、ほどなく商品は撤退します。

この後、今度はハンバーガーの肉の量を大幅に増やした「メガマック」「クォーターパウンダー」といった商品を発売、これが大ヒットしました。顧客が求めていたのは、実は「ヘルシー」とは正反対の商品だったのです。

ここから推測すると、マクドナルドに対する消費者のインサイトは、実は「分厚い食べ応えのあるハンバーガーを見せられると、ガブッとかぶりつきたくなる」だったといえます。サラダマックの失敗は、消費者がマクドナルドに感じていたインサイトと、実のところはズレていたために起こったのです。

インサイトを読み取り、それを刺激する的確な施策をとれば、人が動く。インサイトは、そういう力を持っているのです。

隠れた心理を探る

重要なポイントは、「隠れた心理」という部分です。

消費者が普段、意識していない心理、あるいは、消費者自身も気がついていない無意識の領域の心理。これらに着目することで、顧客を動かすことができる。こうした「隠れた心理」に焦点を当てるのが、インサイトの考え方です。

マクドナルドの例で改めて考えてみます。

先ほどのアンケート調査で、マクドナルドに「ヘルシーなものを」といったことを考えるのは、「健康」や「ダイエット」を人が普段から意識しているからだと考えられます。それに対して「肉をガブッと食べる」のは、「不健康で太りそう」という印象を与える行為です。ヘルシーでローカロリーのものがいいと望む人からしてみれば、心から遠ざけたい、見たくないと考えることです。

しかし、マクドナルドを食べた経験のある人であれば、ハンバーガーの肉のおいしさは記憶に刻まれています。「マクドナルドでお肉たっぷりのハンバーガーにガブッとかぶりつきたい」という欲求は、日常的には意識から遠ざけられていますが、その記憶からすればとても魅力的で、「マクドナルドに行く」という気持ちに抗うことができないくらいの、強いパワーを持つものだったのです。

「健康」「ダイエット」という建前的な意識が覆い隠している、「肉を食べる快感」という欲求を刺激する。これが、「メガマック」や「クォーターパウンダー」の成功の理由だったのです。

「95％の無意識」にアプローチする

インサイトが「隠れた心理」に目を向ける理由について、もう少し説明しましょう。

新しいマーケティングや行動経済学と呼ばれる学問など、研究の進んでいる領域においては、「消費者は、自分の行動を正しく説明できない」といわれています。

その背景には、脳科学の知見として、人間の思考や行動は5％の意識と、95％の無意識とで成り立っており、さらに、意識の水面下にある95％の無意識もさまざまな意思決定に関わっている、という定説があります。意識は「氷山の一角」に過ぎないのです。

したがって、人間の行動には無意識の影響が大きい。意識の世界で考えられているような、「論理的に正しい行動」はしないと考えるのです。（図1－1）

そういった無意識にも目を向けるのがインサイトの考え方です。意識の下に隠されている、ターゲット（＝動かしたい人）のインサイトを解き明かし、それを的確に刺激するアイデアを提供することによってこそ、商品を買ってもらったり、行動を起こしてもらったりすることが可能になります。

図1-1　自分の意識にもとづいた行動ができているのは氷山の一角

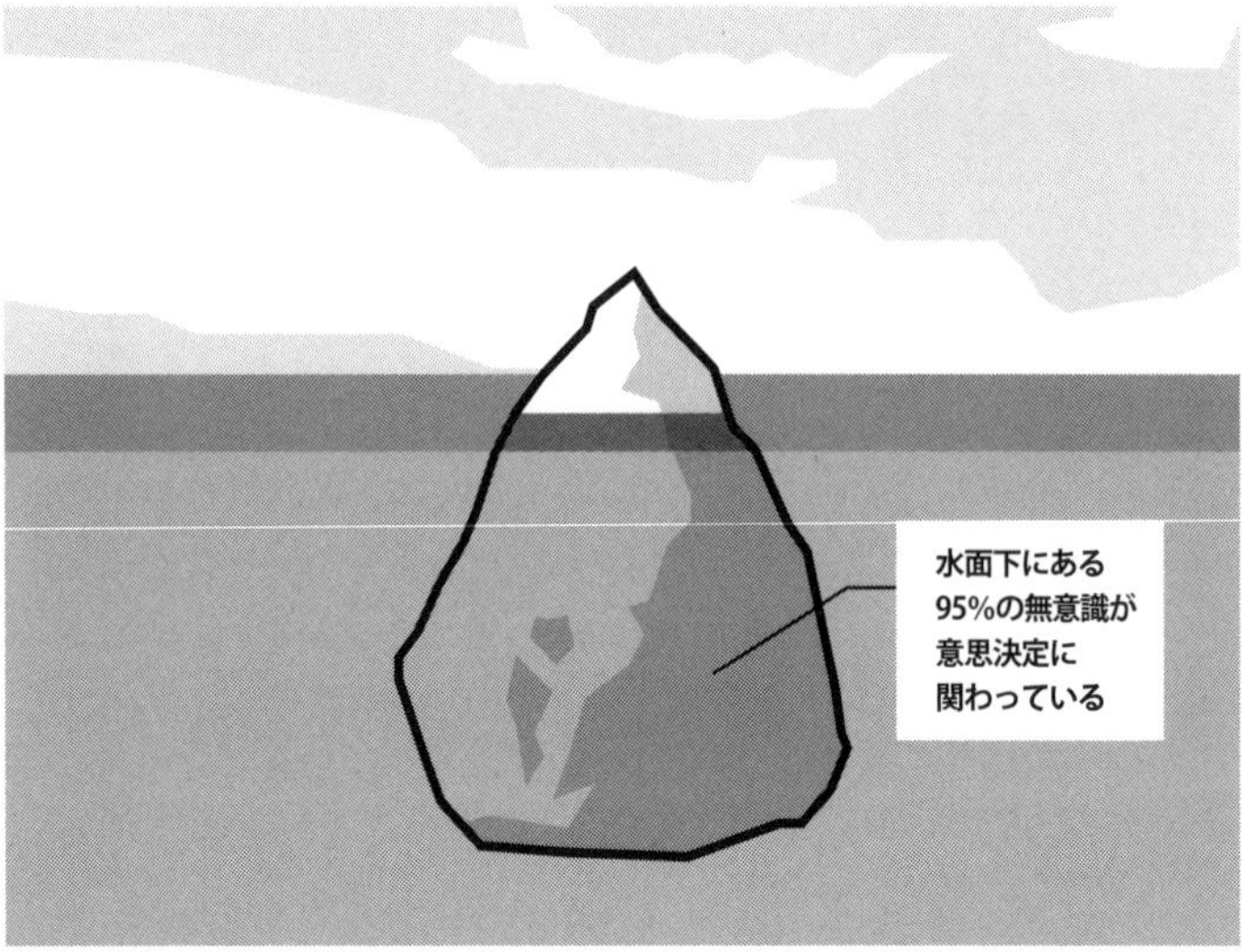
水面下にある
95%の無意識が
意思決定に
関わっている

その「無意識」にも3つのレベルがあります。

まず、「自分自身が気づいていない」というもっとも深い層にある場合。心理学や精神分析の世界で用いられるような無意識のイメージです。

そして、「認めたくないので意識の外に追いやっている」という心理。自分がその感情や考えを認めたくないので、心の奥底に押し込めている場合です。その感情や考え自体を無意識の領域に葬り去っているので、意識の側に出てくることがありません。インタビューなどで質問しても口にしてもらうことは簡単ではありません。そのように意識から追いやっている矛盾や葛藤の中に、人を動かす有効なヒントが含まれている場合があります。

最後は、顕在化している意識に近いですが「感じていることを言葉にできない」場合。「なんとなく感じている」ものの、それが自分の言葉として言語化されていない。また、自分の思考の中で整合性がとれない、といったものです。

「家の鍵を開けること」に隠れたインサイト

「顧客のニーズに応える」といった既存の考え方の延長上で発想しているだけでは、「だいたい、良いんじゃない？」のレベルを超えることはできません。

表には出てきていないインサイトを見つけて、それを的確に刺激すること。それが現状を変えるイノベーションへの道です。

スマホで家の鍵を開けられる「スマートロック」という商品があります。

設定によっては、スマホの操作すら必要なく家のドアに近づくだけで鍵を開けたり、一時的に鍵をシェアしたりもできます。そのような機能が支持を集めています。

これまでになかったこの商品を使ってみて、気づくことがあります。

それは「いちいち鍵を開けるのって本当は面倒だったんだ」というインサイトです。そうといった面倒さを解消できるという価値がある商品なのです。

スマートロックができるまでは、そんな不満を想像することすらなかった。しかし実は、鍵を開けている時、あるいはそのためにバッグやポケットの中から鍵を探している時に、人はそんな不満を感じていたということなのです。

本人も気づかない不満を解消できる。そんな価値を提供できることが、「だいたい、良いんじゃない？」を超えられるイノベーションです。

それは、これまでの価値の延長線上にはない価値です。そういう可能性を高められるのが、インサイトを活用するということなのです。

イノベーションは「顧客の声」からは生まれない

しかし、このようなイノベーションは容易なことではありません。「欲しい」という欲求が低下している成熟市場においてはなおさらです。

そこで、インサイトという発想のない企業が考えたのは「消費者の声を聞く」ことでした。商品やブランド、市場の問題を解決するための手がかりを、消費者に求めたのです。フォーカスグループインタビューなど、消費者の声を直接聞くことのできる定性調査の需要が増えました。

さて、それで問題が解決したのでしょうか？　答えはＮｏでした。

先ほどの原田泳幸氏の発言を思い出してください。

アンケートをとると、ヘルシーなラップサンドやサラダが欲しいという要望が必ずある。しかし、その通り商品化してみても、売れたためしがない。いうこととやることが違うから、お客様の話を聞いてもダメ、という内容です。

「お客様の意見を聞いてモノが売れる時代」は、「だいたい、良くない」の時代でした。お客様がわかることは、ほとんどが作り手にとってもわかることで、それを聞いて商品にするだけで売れる、という時代はとうに終わっているのです。今のお客様は何に対してでも、「だいたい、良いんじゃないですか？」という反応で止まってしまうのですから。

消費行動に影響を与える「認知バイアス」

単純に「何が欲しいか？」を問いかけても、人は答えられません。だから、「欲しいという心が動くもの」はそのような質問から見つけることができません。

それは、消費者自身も何が欲しいかをわかっていないからです。

スティーブ・ジョブズ氏はかつてこのように述べています。

「フォーカスグループインタビューによって製品をデザインするのはとても難しい。多くの場合、人は形にして見せてもらうまで、自分は何が欲しいのかわからないものだ」。

iPhoneのような革新的な商品を世に送り出し、携帯電話やコンピュータの市場を大きく変えたジョブズ氏は、「消費者に聞く」ことの無意味さを理解していたのです。それとは違う視点ゆえに事を成すことができたのでしょう。

２０１７年のノーベル経済学賞をリチャード・セイラー教授が受賞したことで改めて注目されている行動経済学では、旧来の経済学が前提としていた「人間が合理的な行動をする存在である」という考え方を否定しています。「消費者は安くて良いものを選ぶ」という、以前なら疑われることのなかった前提すら覆されているのです。

人間にはさまざまな「認知バイアス」があり、自分の利害、自分の希望、過去の経験、先入観などに影響され、理性的とはいえない行動を往々にしてとるものである、ということが、各種の実験なども踏まえて、認識されるようになりました。

認知バイアスの例として挙げられるものに、「サンクコスト効果」があります。

投資や開発などの経済行為において、金銭や時間や精神的な投資を続けることが、損失につながるとわかっているにもかかわらず、それまで投資したことを惜しんでしまい、結局続けてしまう、という過ちを指します。

合理的に考えれば損をするとわかっていても、「ここまでやってきたから」「これだけお金を使ってきたから」という理由だけで、正しい判断ができない。フランスの超音速旅客機の失敗事例になぞらえて、「コンコルド効果」とも呼ばれます。

また、「確証バイアス」といったものもあります。

何かを証明しようとする時、自分にとって有利な情報ばかりを集めて、反証になる情報は無視したり、集めようとしなかったりする、というものです。行動が先入観に左右されている、という例で、人間は合理的な行動をしないことの証明ともいえます。

また、先ほど名前を挙げたセイラー教授は「メンタルアカウンティング」を研究していたことで知られます。「心の会計」などと訳され、人間のお金の使い方の不合理性を掘り下げたものです。

よく知られている実験があります。次のようなふたつの質問を用います。

質問①　あなたはコンサートを見に行こうとして、10ドルの前売り券を買いました。とところが、当日会場に行くと、買ったチケットを紛失したことに気がつきました。この時、あなたは新たに10ドル払って同じ価格の当日券のチケットを買いますか？

質問②　あなたは当日券10ドルのコンサートを見に来ました。しかし、券を買おうとして財布を見て、10ドルの紙幣を1枚紛失したことに気がつきました。この時あなたは10ドルのチケットを買いますか？

質問①に「買う」と答えたのは46％、質問②に「買う」と答えたのは88％。どちらも全体のコストは20ドルで同じなのに、結果には大きな差が出ました。

コンサートのチケット代は「娯楽費」ととらえられています。そして、質問①では「娯楽費として20ドル払うのは高い」という心理が働いています。これに対して質問②では、なくした10ドル分は娯楽費とは別物と考えられたので、出費に抵抗が感じられていなかったのです。

人間は無意識のうちに自分の使うお金を個別に「色づけ」して、その色の中で判断しているのです。それ故に、総額は同じであっても、この例のように心の中で会計の費目のように分類して、非合理的に行動するのです。

これ以外にも多くの認知バイアスに人間はとらわれています。消費行動も、もちろんそのような認知バイアスにさまざまな影響を受けています。

答えを持っていないのに、聞かれると答えてしまう

したがって、消費行動や選択行動もそのような誤りや解釈のズレに満ちています。本来なら論理的でない、無意識の反応によって行動したことが、あたかも論理的で自分も深く考えた結果として行動したつもりになっているのです。それを理屈づけて述べられること自体を、疑わなければなりません。

読者のあなたが自分の消費や選択行動を振り返ってみると、そのことが実感できるはずです。今日あなたがコンビニに立ち寄った際に買ったソフトドリンクを「なぜ選んだのか？」を論理的に説明することは、容易ではありません。「なんとなく」と答えるのがいいところでしょう。

しかし、アンケート調査やインタビューを受けると、「カロリーが低かったから」「果実の風味が爽やかだから」「品質の割に安いから」といった、いかにも正しく感じられるような答えを選んでしまうのです。何を期待されているかを先回りするように。

これが、その時には特に深く考えていなかったけれど、質問されたので納得がいくように選んだ「後付け」です。また、論理的に矛盾を起こしていないと頭の中で整合性を取る

ための「辻褄合わせ」です。そうやって導き出した「消費者の意見」では、現状を打開するイノベーションのアイデアは生まれません。そういった現状への問題意識があることで、インサイトは期待を集めているのです。

「インサイト」と「ニーズ」の違い

ここで、「インサイト」と「ニーズ」の違いについて確認しておきましょう。

インサイトは、「顧客を動かす隠れた心理」です。ですから、消費者自身も気づいていない、隠れた状態になっています。

一方、ニーズは「本人が明確に認識できている欲求」で、顕在化しています。

インサイトは隠れていますから、競合他社も知りません。従って、その心理を充たすアイデアはまだ市場で具体化されていない状態です。

これに対して、ニーズは顕在化していて、競合他社も知っています。そして、現状において既にほとんどのニーズが充たされています。

それ故に、インサイトは、発見できた場合、アイデアを具現化する技術が既に存在していれば、短期に市場に導入することができます。また、そのような技術が存在していない

図1-2　インサイトとニーズの違いとは

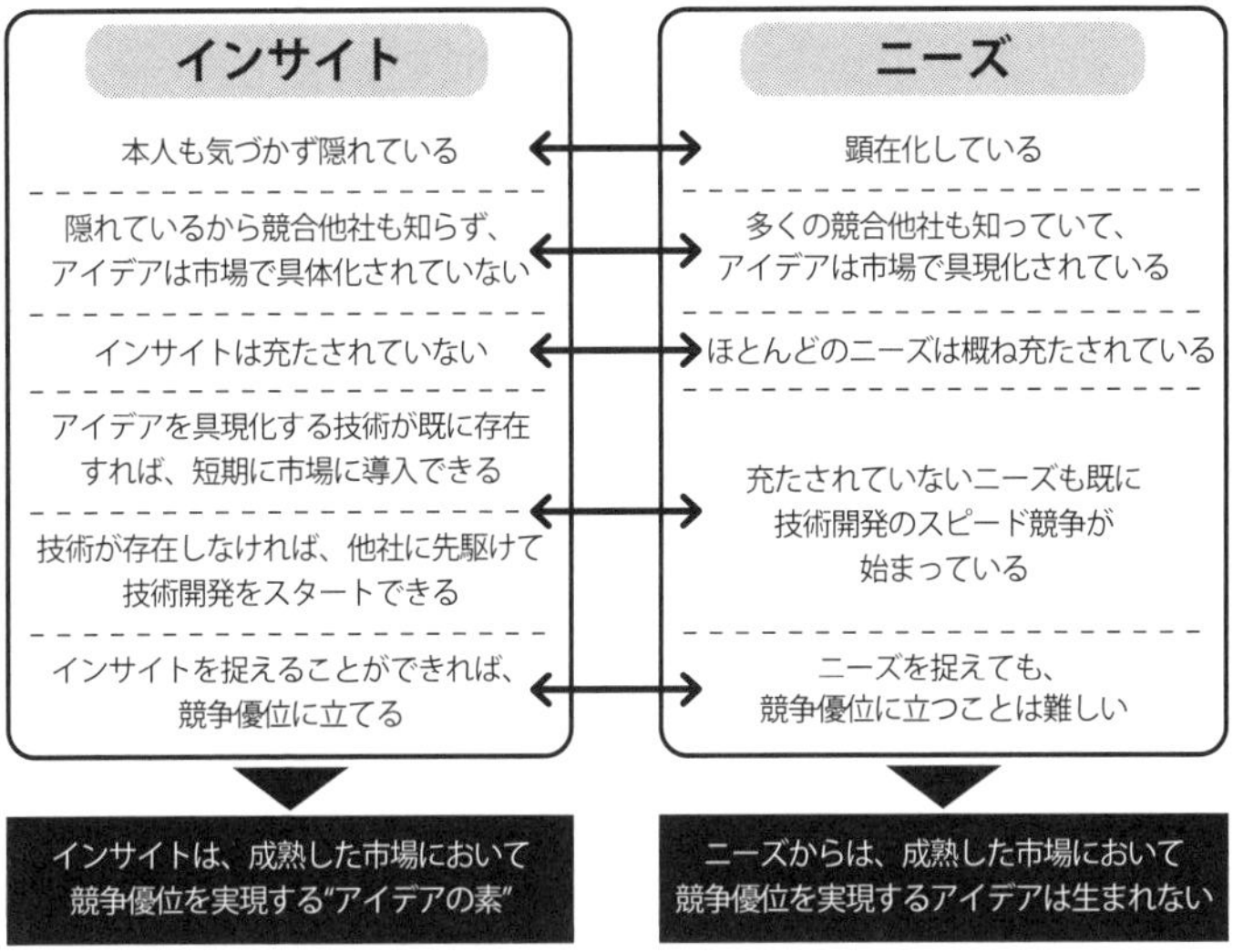

のであれば、他社に先駆けてそのための技術開発をスタートすることができます。

しかしニーズの場合は、充たされていないニーズでも既に技術開発のスピード競争が始まっています。

ですから、インサイトを捉えれば競争優位に立つことができますが、ニーズを捉えても競争優位に立つことは難しいのです。

ニーズは、高度成長の時代（日本であれば1980年代後半まで）の「だいたい、良くない時代」に役立っていた考え方です。

一方、インサイトは、低成長の時代に役立つ考え方です（日本であれば1980年代後半以降）。その「だいたい、良いんじゃないですか？　時代」において、アイデアが生ま

図1-3　有効な考え方はニーズからインサイトへ

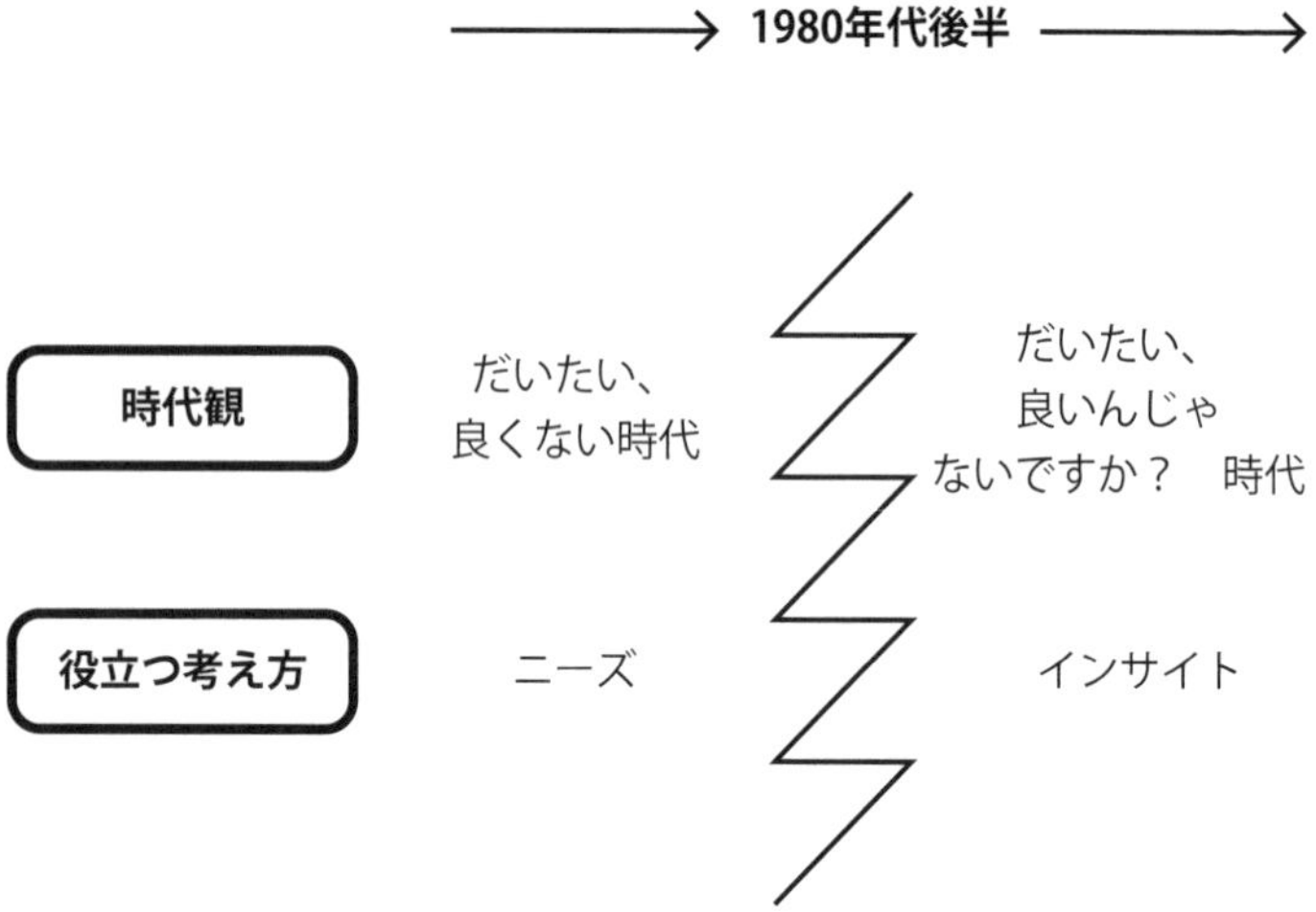

れる素になるのです。

「潜在ニーズ」という言葉についても触れておきましょう。潜在ニーズは、概念的に「おかしな」ことばです。先に述べたように、ニーズは「顕在化している欲求」です。従って、潜在ニーズとは「潜在的に顕在化している欲求」というおかしな意味になってしまうからです。

03
なぜ先進企業はインサイトに注目するのか

当初は広告領域で注目された概念

インサイトへの理解をもう少し深めていただくために、歴史を振り返ってみます。

インサイトという言葉は、直接的には、１９６０年代のイギリスの広告業界で、広告表現のアイデアを得るための重要な概念として注目されるようになりました。

消費者の心を動かし、かつオリジナリティがあってユニークなクリエイティブのアイデアを得るために、インサイトが必要だと考えられたのです。

インサイトをベースとする広告制作やビジネスの進め方は「アカウントプランニング」と呼ばれ、業界内に広がりました。そして、この発想は、１９８０年代にアメリカの広告業界にも浸透していきます。広告が企業からの一方的な「押しつけ」のメッセージといった傾向が強まり、なかなか消費者が反応してくれない。生まれてくるアイデアにも限界があり、心を動かすものが作れない。そういった問題意識が高まっていました。

この問題を解決するために、視点を消費者の側に移したのがインサイトの発想でした。消費者が商品やブランドをどのように捉えているのか、なぜ欲しいと思うのか、を起点に考える。そして、その消費者の行動や心理を深く理解しようとすることが重視されました。

消費者を、それまでの経済学やマーケティングで考えられてきたような合理的で論理的な存在と決めつけず、非論理的であったり、感情的であったりする人間の行動を理解する。そこには、表面的な行動の背景にある価値観や心情、意識にのぼってこない無意識の領域までを「洞察」して理解することが必要と考えられたのです。

広告会社では、インサイトを分析する役割が「アカウントプランナー」という新たな職種に委ねられ、読み取ったインサイトの内容がチーム全体に共有されるようになりました。このような背景から、「洞察」「見抜く力」といった意味を持つインサイト（insight）という言葉が用いられています。

徐々にマーケティング領域に拡大

　こうしてインサイトの考え方が浸透していくと、今度は欧米の広告主の側でもインサイトが重視されるようになりました。広告という領域だけでなく、ブランド構築、商品開発といったマーケティング領域全般においても、「企業が何をしたいか」を起点にするのではなく、「消費者が本当に求めているのは何か」を重視するべきだ、という発想が重視され、インサイトが不可欠であると認識されるようになったのです。

　日本でも、欧米と同様に広告会社のクリエイティブ部門を中心にインサイトの重要性が認識されるようになりました。そして、グローバル化の進展している消費財メーカー等を中心として、マーケティング領域におけるインサイトの活用が進んでいます。

新たな潮流「デザイン思考」との共通項

　このような時代の流れの中で、インサイトの考え方と共鳴するような別の新しい潮流が勢いを増していました。

それが「デザイン思考」（Design Thinking）です。

デザイン思考という言葉自体が注目を集めるようになったのは、直接的にはデザインコンサルティングファームのＩＤＥＯ（アイディオ）ＣＥＯであるティム・ブラウン氏が、２００８年に『ハーバードビジネスレビュー』に発表した論文が契機となっています。それまでプロダクトデザインの領域だけのものと思われていたこの考え方が、プロダクトやサービスの開発全般に活用できるということで多くの企業が導入を試みるようになったのです。

また、ＩＤＥＯの設立者であるデビッド・ケリー氏が関わり、スタンフォード大学に２００５年に設立された d.school（ハッソ・プラットナー・デザイン研究所）もデザイン思考の研究と実践に大きな役割を果たします。

しかし、こうしたブーム的な勢いを持つ以前から、デザイン思考の考え方はデザインそのものの研究や新たな方法論の開発の中で脈々と育まれ、研究が続けられてきたものでした。ＩＤＥＯにしても、スティーブ・ジョブズ氏の依頼でアップルコンピュータの初代のマウスの開発を手がけたことが知られています。そこで育まれてきた考え方を形にしたものがデザイン思考です。

デザイン思考が注目されている理由は、ここでも「イノベーションが求められている」という時代背景があります。

デザイン思考（デザイン・シンキング）以前の時代は「ロジカル・シンキング」が商品やサービスの開発の根幹にありました。アプローチの起点となっていたのは技術と市場です。この考え方には「数字で語りやすく、またロジカルな推論がしやすくて、市場性の予測などが容易」というメリットがあります。しかし、デメリットとして「既存の延長線上でしか発想が広がらないため、新しいものが生まれにくい」という問題があり、これを打破することが世界の企業の課題となっていました。

これに対して、デザイン思考のアプローチの起点にあったのは「人間」そのものです。技術・市場起点から「人間そのもの」を起点にして発想する。このこと自体は、いわゆる「人間中心設計」（Human Centered Design）と似通っていますが、それを徹底し、思考フォーマットとして洗練し、徹底している点にポイントがありました。

この視点の変化により、現場の状況を直接捉え、新しい発想（イノベーション）に結びつけやすくなっていったのです。結果、「だいたい、良いんじゃないですか？　時代」に、発想の煮詰まり感を打開したい企業がデザイン思考への関心を高めていきます。

人間が求めているものは何か、を見出す

現在、デザイン思考は次のような5つのステップで説明されています。

①共感（Empathize）
②問題定義（Define）
③創造（Ideate）
④プロトタイプ（Prototype）
⑤テスト（Test）

①「共感」から②「問題定義」のステップは、インサイトと同じ意味と考えられます。「人間を中心に考える」という起点であるこのステップが、インサイトを「洞察する」ということと同じなのです。

デザイン思考ではこの過程でよくユーザーの行動を観察することが用いられます。インサイトを探る手法については後述しますが、共通する考え方もあり、また違いも存在して

います。しかし、先入観にとらわれず、人間が求めていることは何か、を見出していこうという根っこの部分は、基本的に同じと考えてよいでしょう。

ですから、逆にこの「共感」「問題定義」で間違ってしまえば、最終的なアウトプットであるプロダクトやサービスも間違った結論に至る、ということになります。前述したマクドナルドの例でいえば、「消費者はヘルシーな商品が欲しい」という誤った共感〜問題定義をしてしまうと、「サラダマック」という誤った結論を導いてしまう。そうではなく、正しく「肉を見せられれば、ガブッとかぶりつきたくなる」という共感〜問題定義ができれば、「メガマック」という消費者心理を捉える「正解」にたどり着けるのです。

インサイトは企業でどう使われているか

再び、話をインサイトに戻します。

日本の大企業の一部でも、グローバル企業と同様に、インサイトがブランドや商品の開発の核として活用されています。ただ、経営陣や組織の上部まで理解が得られず、社内浸透させていくための努力の途中、という話も入ってきます。

インサイトの位置づけを、消費者の理解を深めるための情報収集の一環と考えている日本企業もあります。カスタマーインサイトを分析する専任の担当者が各部門にその情報を提供する企業や、自社商品に関するインターネット上の発言データを収集してその背景にあるインサイトを分析する企業も出てきました。

日本企業では、このように明確にインサイトが組織づくりにまで組み込まれている例は多くありません。しかし、商品開発やプロモーションにおいてインサイトが活かされているケースは増えています。インサイトを探っている中でそれまで気づいていなかった発見があり、売上増やレスポンスを高めるアイデアが得られる、といったニュースを目にすることも珍しくありません。

インサイトを戦略の核に置く、グローバル企業

一方、先進的なマーケティングを行っているグローバル企業では、より明確にインサイトを戦略の核に置いたビジネスを展開しています。

たとえばプロクター・アンド・ギャンブル（P&G）では、ビジネスを行う上でもっとも大切にしている理念として「Consumer is Boss（消費者こそが私たちのボス）」というフレーズを置き、消費者のインサイトを最重要視することを明示しています。

そして、Consumer & Market Knowledge というセクションが、消費者のインサイトを理解し、真のニーズに応えるブランド戦略を作る役割を担っています。

また、ユニリーバでは「ｃＢ４Ｌ（crafting Brands for Life）」というワードが用いられ、きちんと消費者に向き合って本当に愛されるブランドを作ることが、ビジネスを成功させるカギであり、そのために消費者をひとりの「人間」として見ることを重視しています。

このような考え方から、たとえばビューティケアブランド「ダヴ」では、これまでになかった女性の美に対するインサイトに訴えるユニークなコミュニケーションが展開され、成功を収めています。

日本の企業においても、今後はグローバル企業と同様にインサイトを重視した事例が増えていくと予測されます。そうすることで、日本の企業がイノベーションを起こすことも増えていくのではないでしょうか。

ここまで、インサイトの基本的な考え方や歴史的背景を振り返ってきました。次の章では、インサイトについてさらに掘り下げていきましょう。

第１章のまとめ

・インサイトは「人を動かす隠れた心理」。人の隠れた欲求を充たすことでその人に変化を与える、無意識の領域にある心理を指す。

・インサイトが求められるのは、市場が成熟化して「だいたい、良いんじゃないですか？　時代」になったから。わかりやすい問題が多くそれを解決していれば良かった「だいたい、良くない時代」が終わり、あらゆるモノやサービスが「欲しい」という気持ちを充たしてくれそうと感じられなくなって、状況を打開する手立てが必要になった。

・インサイトは、競合他社も知らない隠れた心理だから、競争優位を実現する『アイデアの素』になる。一方、ニーズは消費者自身が明確に認識できている欲求だから、それを捉えても競争優位を実現するアイデアは生まれない。

第2章

〝人を動かす隠れた心理＝インサイト〟の構造を理解する

01

優れた作り手は消費者の心理をどう読んだのか

事例 「会いに行けるアイドル」AKB48

詳細に入っていく前に、読者の方もご存じの事例で、もう少しインサイトについて解説します。

まず、アイドルグループAKB48についてです。もはやAKB48についての説明は不要かと思われますので割愛しますが、このプロジェクトのスタート時に、プロデューサーである秋元康氏が設定したキーワードが「会いに行けるアイドル」でした。

プロジェクトのスタート当時は、秋葉原に注目が集まっていました。かつての家電専門店の集積地から、アニメの聖地に変貌を遂げ、アニメのキャラクターのような少女が「萌え」スタイルで接客してくれる「メイドカフェ」や、自主的にアイドル活動をしている「地下アイドル」といった現象が話題でした。

かつてアイドルに熱狂していたような若者たちが秋葉原に集まってきていると聞いて、秋元氏はここに新しい芽があると考えたのです。そして、そういった注目事象から、「直接会えて話せること」が重要と考えました。

大ヒットが出なくなったアイドル音楽シーンに対してファンは、潜在的な不満として「会えないアイドルへの憧れを煽られていることに、うんざり」というインサイトを感じていた――時代を読むヒットメーカーとして、秋元氏がこう直感したと推測されます。これまでのアイドルはメディアに作られた偶像であり、遠く離れている距離のある存在。「もっとつながりを感じたい」というフラストレーションが消費者にあったのです。

その不満に対する回答が前述のキーワード「会いに行けるアイドル」でした。キーワードから具体的に次のようなアイデアが広がり、実施に移されました。

- 「会いに行ける」ようにするために秋葉原に常設の劇場を作り、毎日公演する
- ファンが劇場に足を運べば当人たちが必ずそこにいて、刻々成長していく女の子たちをファンはリアルタイムで目撃し、ファン自身が彼女たちの成長に関わっていける
- 数十名という常識外れの大勢のグループにして、自分の好きな子（＝推しメン）が見つ

かるようにする

- 基本メニューとして「握手会」イベントも行い、ステージ上だけでなく直接会ったり言葉を交わしたりできる
- 各メンバーのファンが投票して、応援という関わりを持てる選抜総選挙を実施する
- さらに秋葉原以外の拠点にも、大阪、名古屋、福岡といった具合に、それぞれの土地で会いに行けるように新たなユニットを設ける

いずれも「会いに行けるアイドル」を核としての仕掛けが徹底されています。

キーインサイト、バリュープロポジション、アイデアというフレームワーク

ＡＫＢ48の例から、インサイトについてもう少し考えてみましょう。ここでのインサイトは「会えないアイドルへの憧れを煽られていることに、うんざり」ということでした。このような潜在的な気持ちが、消費者の心の中にあった、ということです。彼らの心の中にはくすぶっていたのですが、表に出てくることがありませんでした。

その当時、アイドルといわれるジャンルで以前のようなヒット曲は出ていませんでした。

図2-1 キーインサイトとバリュープロポジション、アイデア

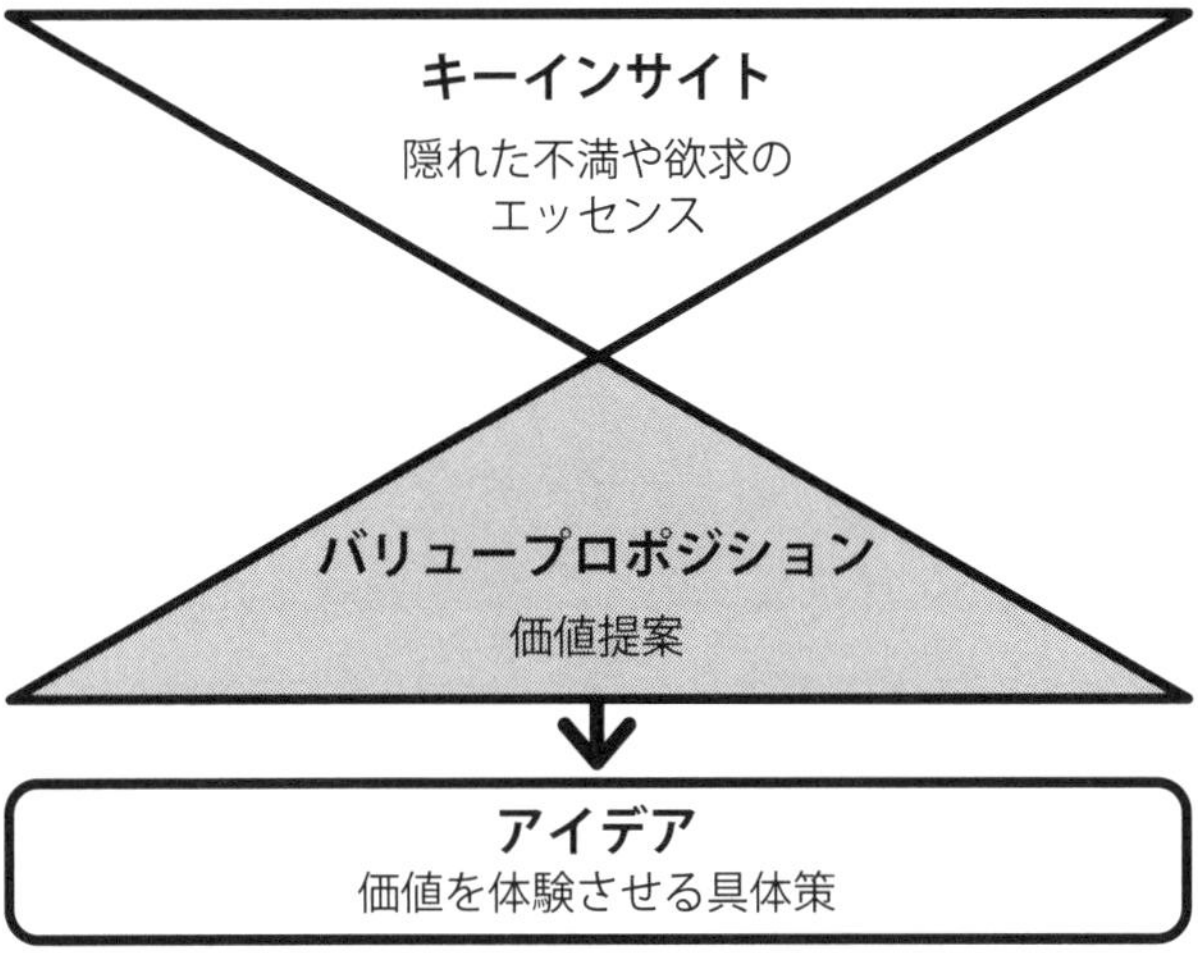

©Decom,Inc.

つまり、満足されていなかったということです。そして、秋葉原のメイドカフェが流行るということは、消費者はその不満を別のところで解消していた、あるいは解消するものを探していたということが考えられます。

インサイトは人を動かす隠れた心理、と説明しました。そのインサイトを基にした、「隠れた不満や欲求のエッセンス」を「キーインサイト」と呼びます。そのためここで言う「会えないアイドルへの憧れを煽られていることに、うんざり」は、「テレビや雑誌でアイドルを見ている時、アイドルへの憧れを煽られると、もううんざりだと感じる。なぜならアイドルには簡単に会えないから。」というインサイトから、そのエッセンスを抽出したもので、厳密に言うとキーインサイトに該当し

図2-2　AKB48の例

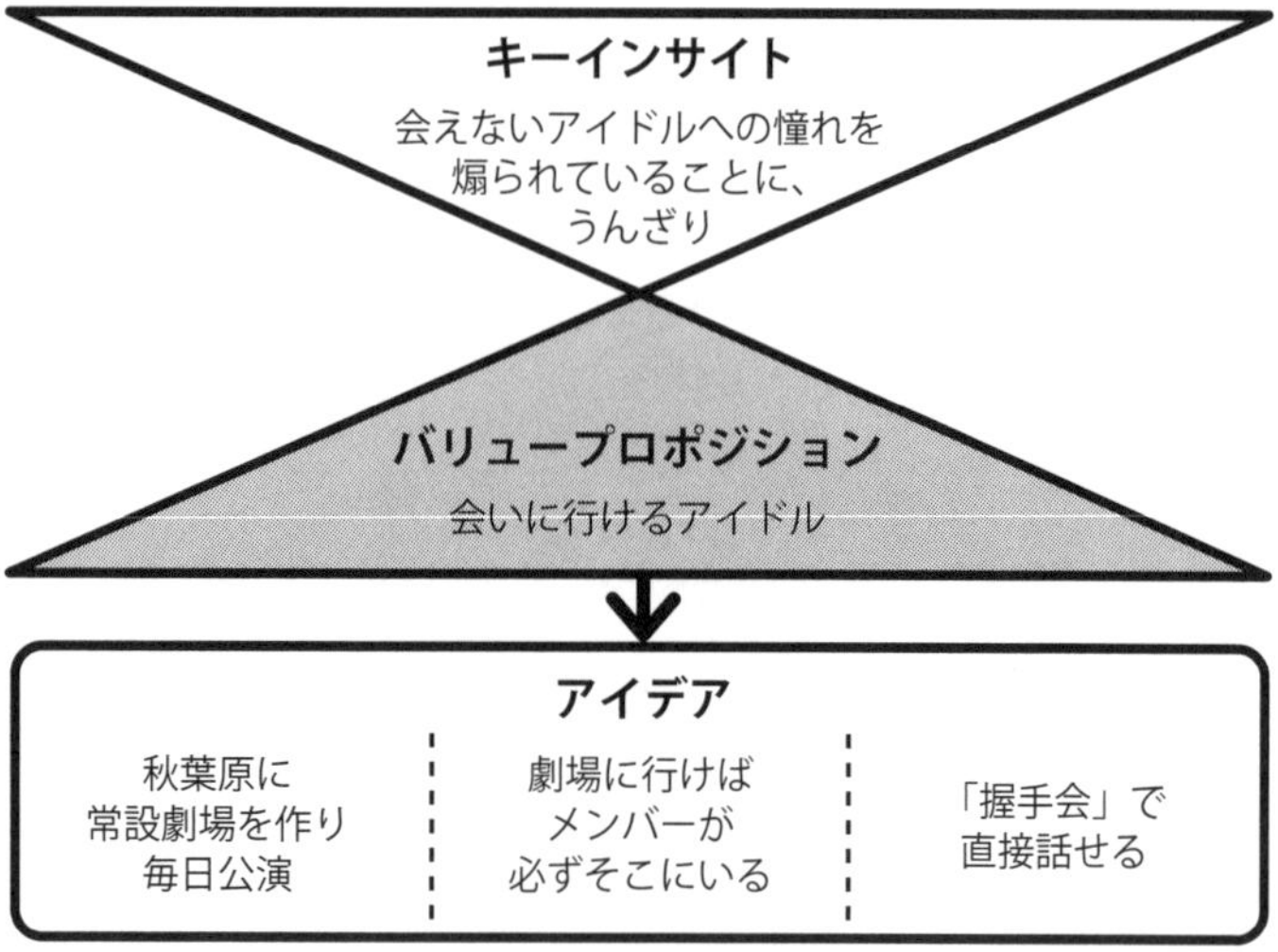
キーインサイト
会えないアイドルへの憧れを
煽られていることに、
うんざり
バリュープロポジション
会いに行けるアイドル
アイデア
秋葉原に
常設劇場を作り
毎日公演
劇場に行けば
メンバーが
必ずそこにいる
「握手会」で
直接話せる

ます。従って、この後はキーインサイトとして説明していきます。（キーインサイトの要件については、後ほど詳しく説明します。）

このキーインサイト「会えないアイドルへの憧れを煽られていることに、うんざり」に対する「会いに行けるアイドル」のように、キーインサイトを充たすための「価値提案」を、「バリュープロポジション」と呼びます。

そのバリュープロポジションが、ちゃんと消費者（受け手）のキーインサイトに応える関係になっていれば、受け容れてもらえる、ということになるのです。このバリュープロポジションは、キーワードや考え方の提案という形をとります。すなわち、キーインサイトとバリュープロポジションは、「充たし充たされ」の関係になるのです。そして、その

バリュープロポジションに集約された「価値を体験させる具体策」が「アイデア」なのです。（図2－1）

先ほど説明した複数のアイデアのように、「会いに行けるアイドル」というバリュープロポジションからのアイデアはひとつではなく、多岐にわたっています。ひとつのキーインサイトとひとつのアイデアが対になるのではなく、キーインサイトとバリュープロポジションが対の関係になり、そのバリュープロポジションからはさまざまなアイデアが考えられる、という関係です。

図2－2にあるように、アイデアを生む「源」の部分がキーインサイトとなります。

事例　「大人が夢中になれる場所」ディズニーランド

もうひとつ事例を紹介しましょう。

世界でもっとも人気のあるテーマパークであるディズニーランドは、ウォルト・ディズニー氏自身の心の内にある思いからスタートしたといわれています。

その当時、遊園地は子供のもの、と思われており、汚くてゴミが気になるような場所で

図2-3　ディズニーランドの例

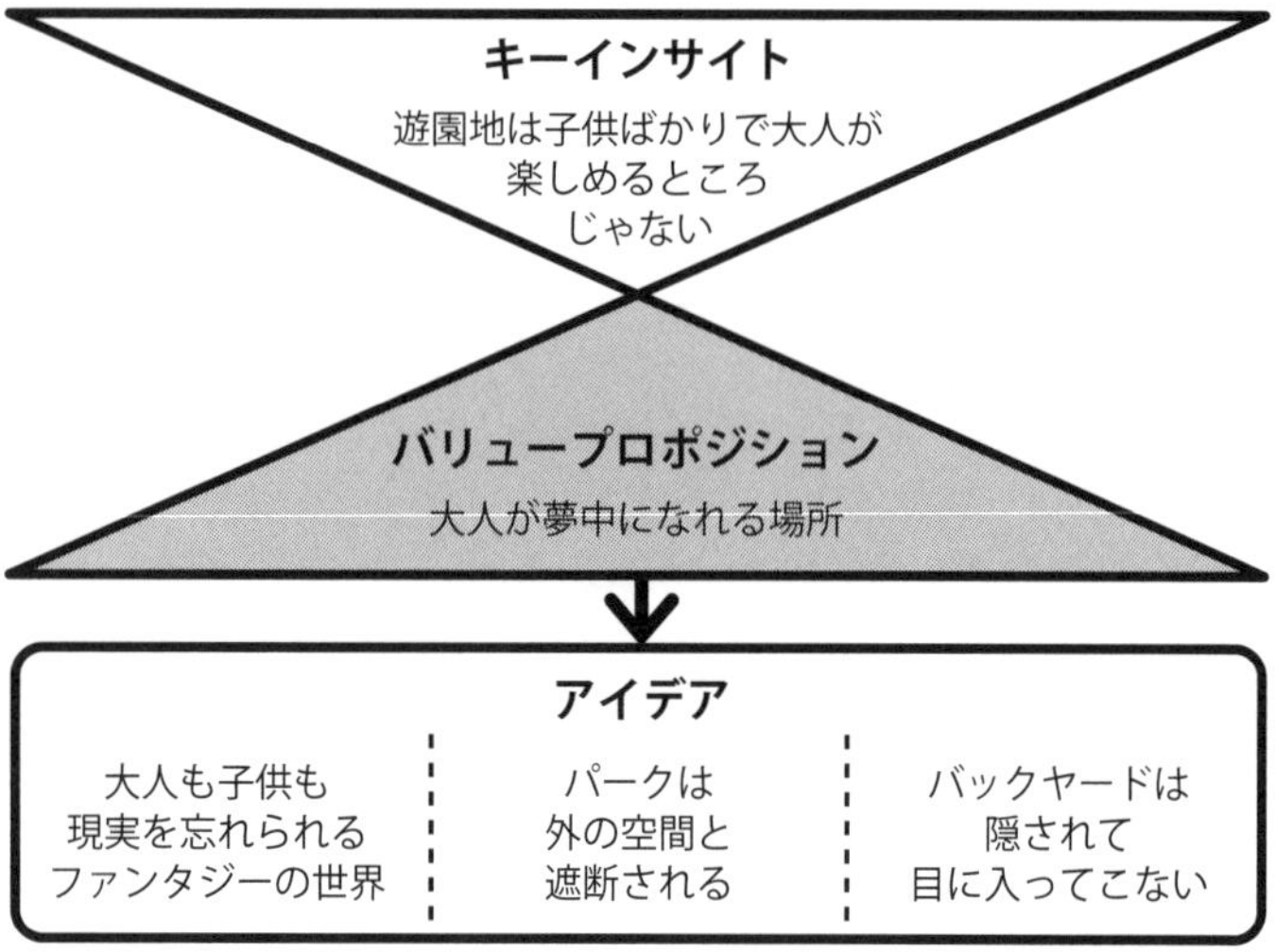

キーインサイト
遊園地は子供ばかりで大人が
楽しめるところ
じゃない
バリュープロポジション
大人が夢中になれる場所
アイデア
大人も子供も
現実を忘れられる
ファンタジーの世界
パークは
外の空間と
遮断される
バックヤードは
隠されて
目に入ってこない

した。ディズニー氏自身にとっても、また子供を遊ばせるために来ていた大人たちにとっても、所詮子供が遊ぶものだからこの程度でかまわないと思われていました。「遊園地は子供ばかりで大人が楽しめるところじゃない」というキーインサイトがあったのです。しかし、当時はそのような気持ちはくすぶったままで、表に出ることなくやり過ごされていました。

そこでディズニー氏は「地上で一番幸せな場所」（The Happiest Place on Earth）という言葉で自分の作りたい遊園地の構想を表現するようになりました。言い換えれば、「大人が夢中になれる場所」という提案です。

具体的には、次のようなものになったので

す。

- 現実のすべてを忘れて、夢中になれるファンタジーの世界を実現し、大人も子供も同じ気持ちで楽しめる
- パークは外の空間と遮断されており、一歩足を踏み入れれば現実を離れた夢の世界に入っていくことができる
- 体験そのものをストーリーとして楽しませるため入口はひとつだけ
- バックヤードが隠されていて目に入ってこない
- ショーは毎日が初演
- 働く人はスタッフではなく「キャスト」として、お客様の前で自分の役割を演じる
- すべてのお客様はVIPとして扱われる
- 夢の国だから、ゴミひとつ落ちていない清潔な状態が保たれる

このような世界観を作り上げ、ディズニーランドは初めて大人にも満足のいく遊園地となり、ほどなくテーマパークという新カテゴリーができあがったのです。

事例 「受験生を応援する」キットカット

プロモーションの開発に関するインサイトの事例も紹介しましょう。ネスレ日本のチョコレート「キットカット」についてです。

かつてのキットカットは、「Have a break, Have a KitKat」というコピーを使い、ブレイク＝ちょっとした「息抜き」に合う商品、というコンセプトでコミュニケーションを行っていました。

ターゲットは高校生。彼らにとって、キットカットは知ってはいるものの、「自分たちのブランド」という意識は無いに等しいものでした。

そこで新たに編成されたキットカットのチームは、高校生を対象とした調査を行い、次のようなインサイトを読み取りました。

「受験・恋愛・友人関係の悩みで、毎日ストレスだらけだ。でも、キットカットをパキッと折ると、心がふっと軽くなり、そのストレスから解放される」

中でも受験のストレスは最も大きなものでした。そのようなストレスに対して、「ウェ

図2-4　キットカットの例

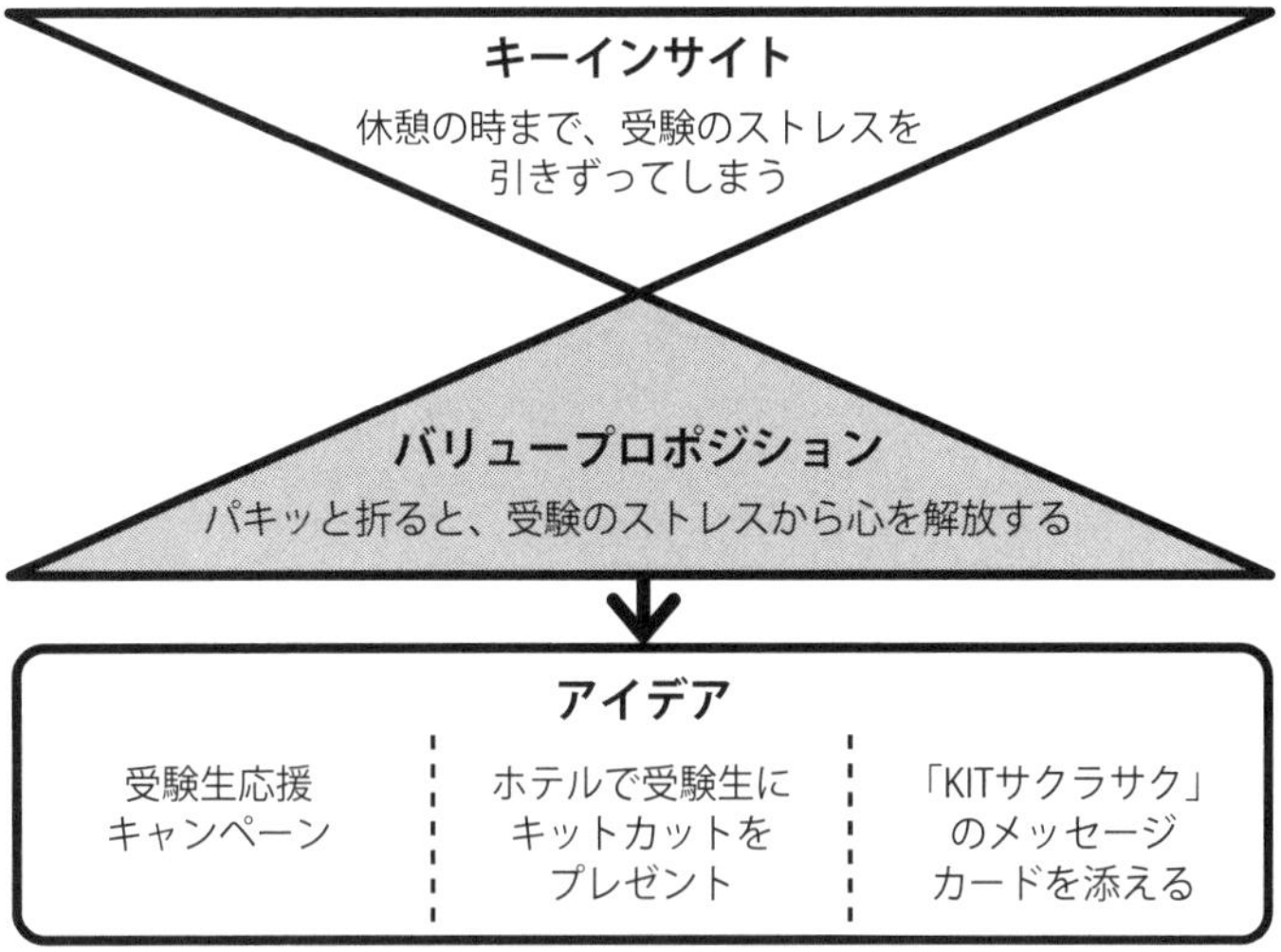

ハースにチョコレートをコーティングし、それを真ん中でパキッと気持ち良く2つに割ることができる」という「ブレイク」により、「心がふっと軽くなりストレスから解放される」という気持ちにつながることが明らかになったのです。

そのインサイトをふまえると、キーインサイトは「休憩の時まで、受験のストレスを引きずってしまう」であり、これを解消するバリュープロポジションは「パキッと折ると、受験のストレスから心を解放する」となります。そのバリュープロポジションをふまえたアイデアからスタートしたのが「受験生応援キャンペーン」でした。

実際に入学試験を受ける時、すなわち受験

のストレスが最大となる場面で、一瞬心を解放してくれる存在として、キットカットを訴求したのです。それも、にぎやかなマス広告などではなく、「ホテルで受験生プランを利用している人に、『ＫＩＴサクラサク』というポストカードを添えたプレゼント」という小さな一歩からスタート。それが受験生に支持され、反響が広がりました。そして、広告にこだわらない多彩なアプローチが展開され、支持が広がり、毎年の恒例として定着していきました。（図２－４）

「キットカット」というブランド名と、九州地方の方言で「きっと勝つと」という時の音が似ているので、受験生がキットカットをお守りに使っていたという情報が、このキャンペーンのヒントになった、ということもよく知られています。しかし、単なる語呂合わせだけではなく、「受験がストレス」という高校生のインサイトをあらかじめ掴んでいたからこそ、そういった情報がアイデアに結びつけられ、成功に導かれたのです。

このように、大きなインパクトを与えたヒットの裏には、優れた作り手が、確実に人々の心理を読み取ったインサイトが存在しています。ＡＫＢ48、ディズニーランド、キットカット、という事例で、このことがおわかりいただけるでしょう。

インサイトの活用領域

３つの事例を紹介しましたが、このように、インサイトはさまざまな領域に活用することができます。

顧客のインサイトを発見し、「キーインサイト」に応える「バリュープロポジション」を考え、それを具体化する「アイデア」を作る。このフレームを使えば、顧客に向けたあらゆるビジネスにインサイトを活用することができます。

具体的に挙げると、次のような領域で活用できます。

- 商品開発（新商品開発／既存商品の改善・リニューアル）
- ブランド開発（新ブランド開発／既存ブランドの刷新）
- コミュニケーション開発（コミュニケーション戦略／広告クリエイティブ／戦略ＰＲ）
- プロモーション開発（プロモーションテーマ開発／キャンペーン）
- 事業開発
- 研究開発
- ダイレクトセリング（通信販売／ダイレクトレスポンス広告）

・Ｗｅｂマーケティング（オウンドメディア／コンテンツマーケティング）
・アプリ開発

02

インサイトを構成する4つの要素

「客観的な事実に基づく感情」がインサイト

先に「インサイトは人を動かす隠れた心理」と述べました。従って、人を動かさない心理はインサイトではありません。このように「インサイトであるか否か」を考える上で、もうひとつ重要なポイントがあります。

それは、「単なるエモーション（感情）をインサイトと呼んではいけない」ということです。インサイトは、「客観的な事実に基づく感情」でなければなりません。なぜなら、「感情」だけでは、そこから的外れのアイデアを生んでしまう可能性が高いからです。（図2－5）

例を挙げて説明しましょう。「お茶漬けのり」に関するインサイトを調べ、そこから需

図2-5　インサイトと「客観的な事実」

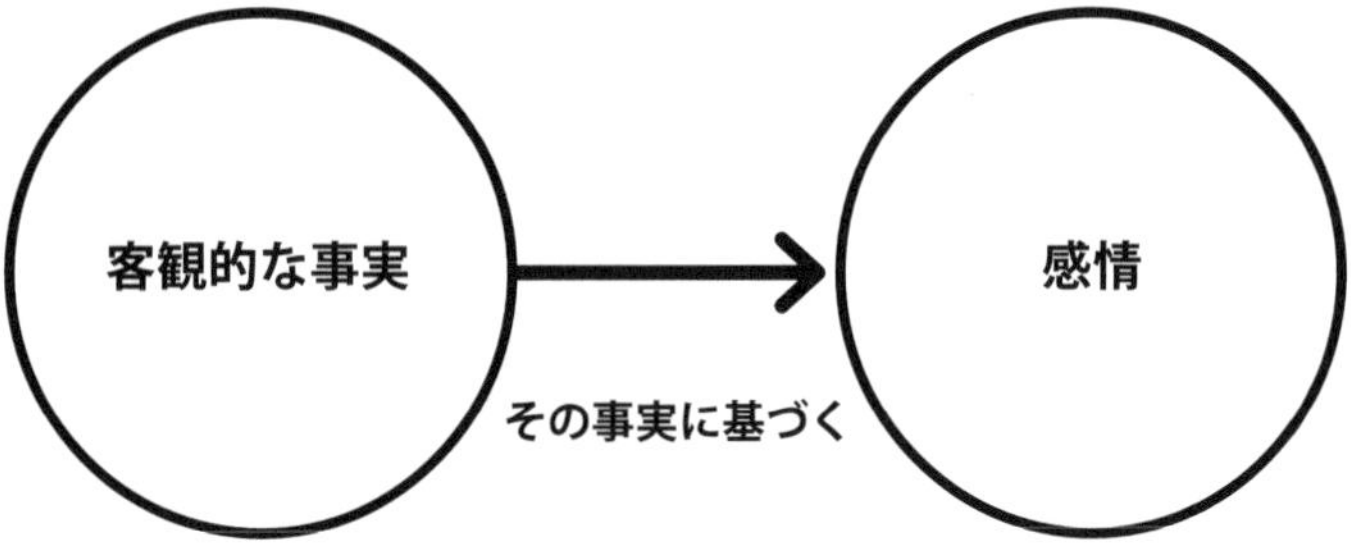

インサイトは、感情（エモーション）だけでなく、その感情を生む要因となった客観的な事実との組み合わせ。

単なる感情だけでは、インサイトと呼べない。

要拡大のためのアイデアを作るプロジェクトです。

そこで、「お茶漬けのりは、なんとなく孤独でさみしい感じがする」ということまでわかったとします。感情だけで表現された対象商品への心理です。

ここから、お茶漬けのりに感じられている不満を解消するアイデアを作るとすると、どういったことが起こるでしょうか。

「孤独でさみしい」という感情が明らかになっていますが、わかっていることはそれだけです。したがって、孤独やさびしさを解消するためのアイデアであれば、どんなことでも可能性はある、ということになってしまいます。「お茶漬けを食べてＳＮＳでつながろうキャンペーン」や、「スマホで見るお笑いのライブのチケットをパッケージに印刷」といった、バラバラなアイデアが、何でもありという感じで出てきてしまいます。

これでは、どのアイデアがターゲットの心を捉えるか、判断することができません。さらに、アイデアを出す段階で手がかりがなく、担当者の力量や思いつきに委ねるしかなくなります。成功するか否かは、偶然に頼らざるを得ません。

感情だけを追うと、アイデアが的外れになる

そこで必要となるのが、「客観的な事実に基づく感情」です。これを探ってみると、「お茶漬けのりをひとりで食べるとき、カサッカサッという音を聞くと孤独でさびしい感じがしてくる」というキーインサイトがわかりました。客観的な事実とは「顆粒のカサッカサッという音」であり、この音が孤独感やさびしさという感情を生む要因になっていたのです。

従って、孤独やさびしさという感情を解消するには、顆粒のカサッカサッという音をなくしたり変えたりする必要があったのです。その結果として、「しっとりしたお茶漬けのり」というバリュープロポジションと、「生タイプのお茶漬けのり」というアイデアがスムー

図2-6　インサイト4要素

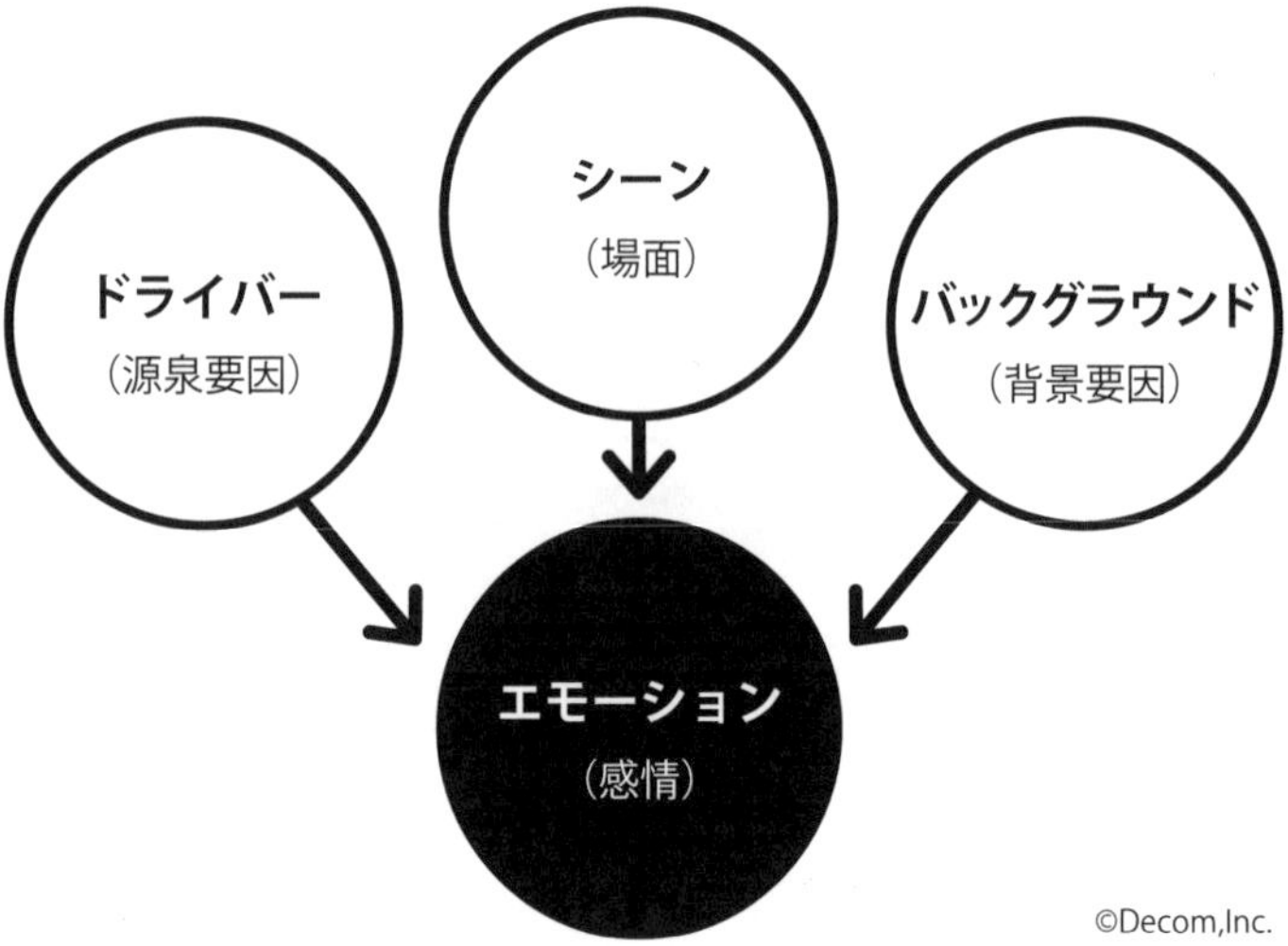

ズに導かれます。

改めて確認すると、客観的な事実のないところで作られた「ＳＮＳ」や「お笑いライブ」といったアイデアが、的外れなものということがわかります。また、アイデアを作るポイントも絞れていますから、企画の精度も上がり、無駄なアイデアを作るロスもなくなりました。

「客観的な事実に基づく感情」であることは、インサイトに基づいてアイデアを作るために、非常に重要なポイントになるのです。

インサイトを構成する４つの要素

このように、人を動かすアイデアを導くには、その「感情」が生まれる要因となった「事実（ファクト）」が必要です。アイデアを作るためには、「事実」が「感情」とセットになって初めて意味のあるインサイトになります。すなわち、ある事実が刺激となったり、背景にあったりするからこそ、その感情が生まれているのです。そして、何がそう感じさせたのかもセットになっていることで、その心理を活かしたアイデア作りに進むことができるのです。

この考え方のフレームが「インサイト4要素」です。（図2－6）

- 要素1［シーン（場面）］感情が生まれた場面。行動や状態を伴う
- 要素2［ドライバー（源泉要因）］感情を生み出すもととなった、直接的な要因
- 要素3［エモーション（感情）］気分や気持ち、情緒
- 要素4［バックグラウンド（背景要因）］感情が価値（または、不満や未充足）である背景的な理由

4要素の中で、客観的事実が含まれていなくてもよいのは［エモーション（感情）］だけです。感情はその人の感じ方の問題なので、主観であってかまいません。しかし、その

他の3要素である［シーン（場面）］［ドライバー（源泉要因）］［バックグラウンド（背景要因）］には、必ず人の感じ方に左右されない、客観的事実が含まれていなければなりません。

3つの要素には、以下のような客観的事実が考えられます。

［シーン（場面）］

- 日時、季節
- 場所、エリア
- 環境。どのようなところか、そこに何があったか
- 一緒にいる人
- その人にとってどのような時だったか
- 何をしていたか
- どのような状態だったか
- その前に何をしたか、その後に何をしたか

［ドライバー（源泉要因）］

- 物性・素材・成分
- 機能・性能
- 実際に行った行動・行為
- そこで感じた感覚（視覚、聴覚、嗅覚、味覚、触覚、痛覚、温覚、冷覚、圧覚、平衡覚、位置覚、運動覚、抵抗覚、重量覚、振動覚、空腹感、口渇感、吐き気、便意、尿意、内臓痛）
- 歴史、由来、エピソード、背景にある事実
- ネーミング、パッケージ、広告、キャッチフレーズ、キャラクターなどの情報

［バックグラウンド（背景要因）］

- 出来事・経験
- 周囲の環境
- 家族・友人・職場などの人間関係・交友
- 仕事の状況、労働環境
- 社会的に影響を及ぼす事実
- その人自身に関すること。年齢・性別・人種、外見的特徴、学歴

このような客観的事実が、キーインサイトとバリュープロポジションの裏付けとなり、アイデアに正しいヒントを与えてくれるのです。

このインサイト4要素を、文脈として理解するための順番を紹介しておきます。①シーン（場面）→②ドライバー（源泉要因）→③エモーション（感情）→④バックグラウンド（背景要因）の順に見ていけば、スムーズに理解することができます。

03
インサイトは3つのタイプに分類できる

3つのタイプ「価値」「不満」「未充足欲求」

4つの要素で説明されるインサイトは、さらに、次の3つに分類することができます。

①「価値」のインサイト
②「不満」のインサイト
③「未充足欲求」のインサイト

「価値」のインサイトとは、ある対象に対してのポジティブな心理です。その対象の、何をどんなふうに「良い」と感じているのかという心理を指します。

これに対して、「不満」のインサイトは、ある対象に対してのネガティブな心理です。

図2-7　インサイトの3分類

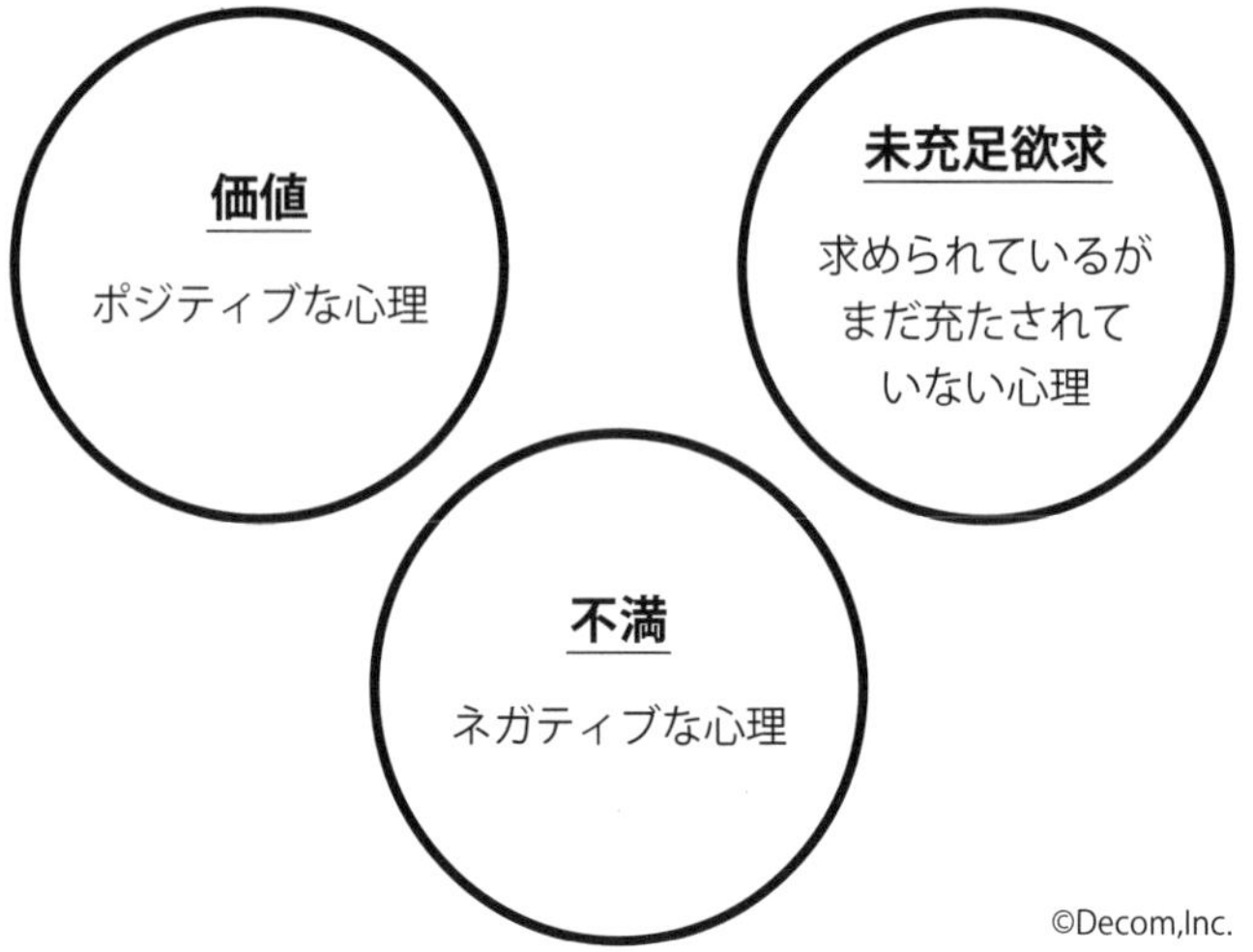

その対象の何をどんなふうに「イヤ」と感じているのか、の心理になります。

「未充足欲求」のインサイトは、ある対象に対する、「求めているがまだ充たされていない」心理です。「何がどんなふうになったら良いな」と感じているのか、の心理です。

この3種類以外に、例外はありません。この3種類のいずれにも当てはまらなければ、それはインサイトではないのです。（図2－7）

なお、ここでいう「良い」や「イヤ」というのはあくまで気分的・感覚的なもので、理性的な判断や評価ではありません。単なる意見や表向きの建前といったものは、インタビューで話されたり、アンケート調査で記述さ

図2-8 3分類と4つの要素

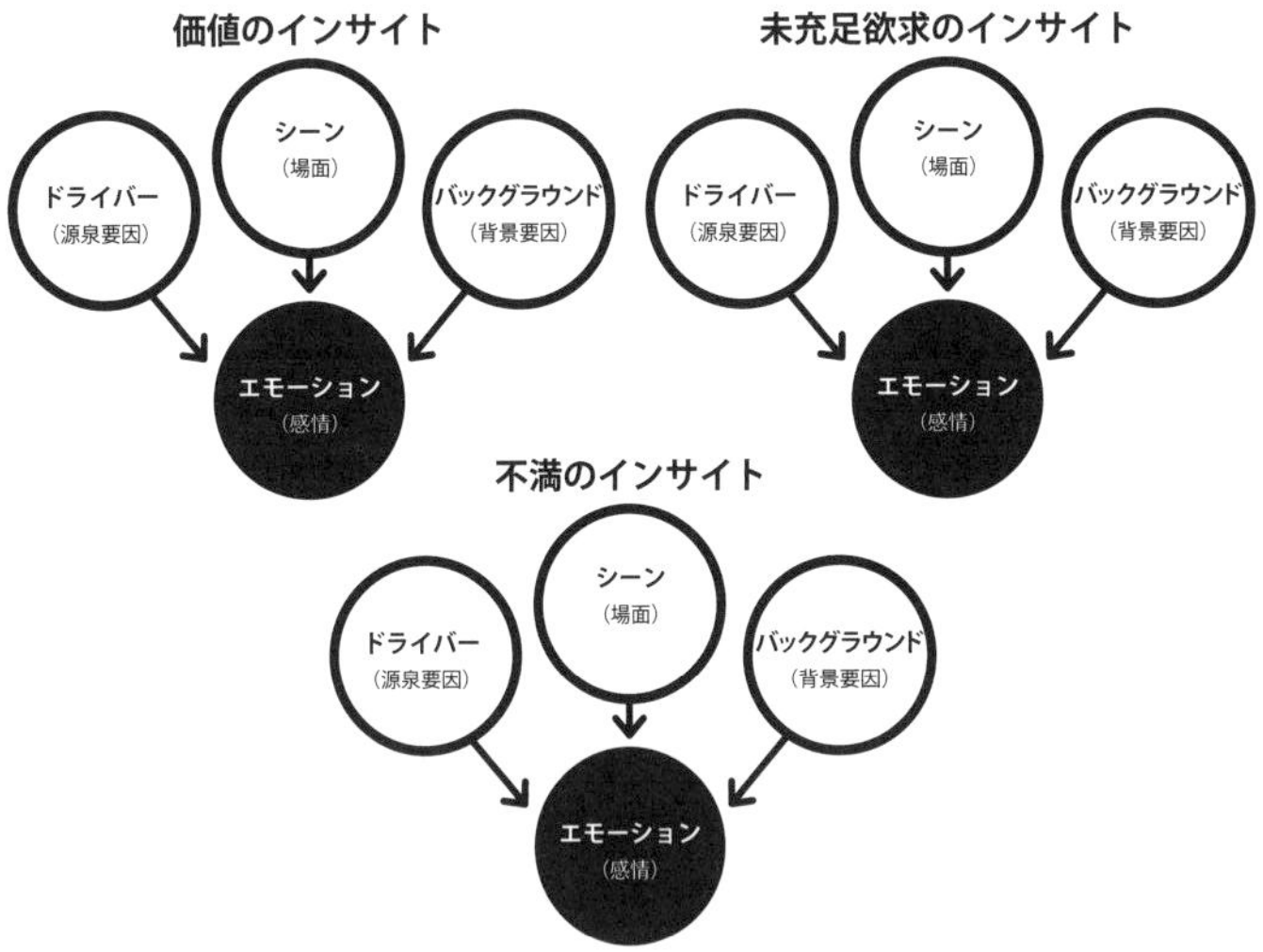

れたりしていても、インサイトとは呼べません。

また、インサイトは「隠れた心理」ですから、前章で触れた無意識のレベルで漠然と感じている、思っている心理を指します。すでにその人が思考の中で意識していること、普段からそう思っていることであれば、それもインサイトとは呼べないものであることにも気をつけてください。

インサイト4要素で説明すると、「感情」がどのような心理状態なのかによって、「価値」「不満」「未充足欲求」の、どのインサイトになるかが決まります。（図2－8）

「価値」のインサイトと、そこから導かれるアイデア

では、「価値」「不満」「未充足欲求」のそれぞれのインサイトについて、事例で説明しましょう。併せて、そのインサイトからどのように「キーインサイト・バリュープロポジション・アイデア」に結びつくのか、についても説明します。

まず、価値のインサイトからです。用いる事例は先に紹介したネスレの「キットカット」です。インサイトの４要素を整理すると次のようになります。

- ［シーン（場面）］ 勉強と勉強の合間に一息入れるとき
- ［ドライバー（源泉要因）］ キットカットをパキッと折る
- ［エモーション（感情）］ 心がふっと軽くなり、ストレスから解放される
- ［バックグラウンド（背景要因）］ ストレスだらけの毎日　３大悩みは受験・恋愛・友人関係

図2-9 「価値」のインサイトの例

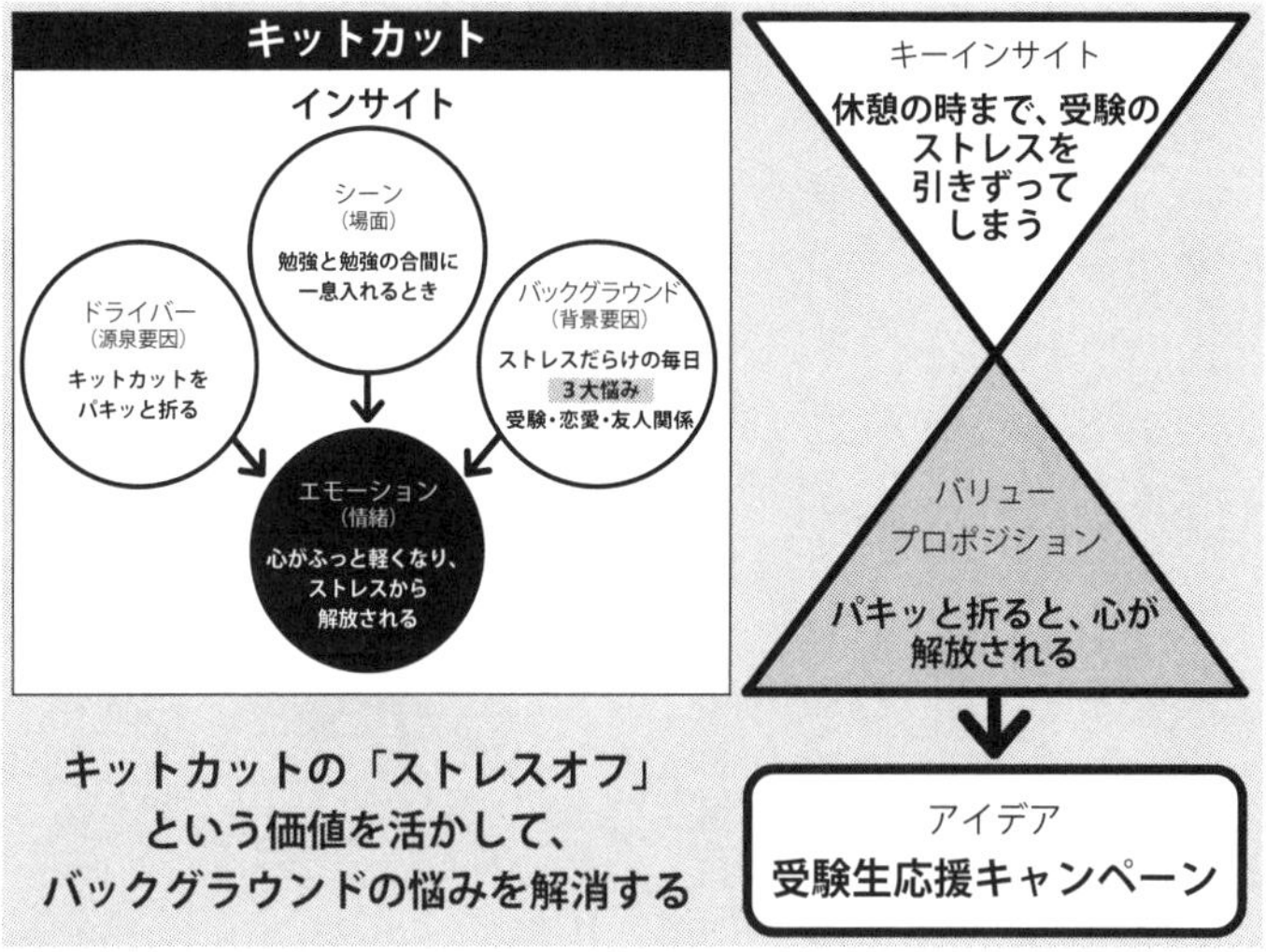

「シーン（場面）」は、勉強と勉強の合間に一息入れるとき、という具体的なシーンが明示されています。

「ドライバー（源泉要因）」は、商品の特徴であり個性となっている、キットカットをふたつに折ることができる、という事実に即しています。

「バックグラウンド（背景要因）」については、大多数の高校生が直面する「受験」、そして周囲の人間関係に由来する「恋愛」や「友人」という問題が事実としてあがってきます。その事実に関連して、ストレスが感じられています。

この3つの事実の要素があることで、「ストレスオフ」というエモーション（感情）がより具体的になります。そして、価値のインサイトから、「何に着目してアイデアを作ればいいか」の着眼点が明確になります。

この価値のインサイトを改めて見ていくと、シーン（場面）とバックグラウンド（背景要因）から導かれる「休憩の時まで、受験のストレスを引きずってしまう」がキーインサイトと考えることができます。休憩のタイミングなのに受験のことから離れられずそれをストレスに感じているのです。そのキーインサイトを、キットカットというプロダクトが解消する価値の提案として、インサイトのドライバー（源泉要因）とエモーション（感情）から、「パキッと折ると、心が解放される」というバリュープロポジションが導かれるのです。そして、バックグラウンド（背景要因）をヒントに、具体策として「受験生応援キャンペーン」というアイデアが得られます。（図2－9）

「不満」のインサイトと、そこから導かれるアイデア

今度は「不満」のインサイトについてです。取り上げるのは先ほど紹介した「お茶漬けのり」です。

インサイトの4要素は以下のようになります。

・［シーン（場面）］ひとりでお茶漬けを食べるとき
・［ドライバー（源泉要因）］顆粒のカサッカサッという音
・［エモーション（感情）］孤独でさみしい感じがしてくる
・［バックグラウンド（背景要因）］孤食化

先ほどは説明していなかった［シーン（場面）］ですが、ひとりで食事をしている時、という事実がわかっていました。

［ドライバー（源泉要因）］は、ふりかける時に聞こえるカサッカサッという音、という聴覚の部分。この音の発生源となっていたのが、顆粒という形状です。

［バックグラウンド（背景要因）］は、孤食化という社会情勢を取り上げました。家族と一緒に住んでいてもひとりで食事をする人が増えています。その「孤食化」という事実が、食事の時のさみしさを嫌う背景となっているのです。

このように要素を組み合わせて見ると、問題が明らかになってきます。お茶漬けのりを家族の誰かと食べる時には、顆粒になったお茶漬けのりを振る音も気にならなかったのです。それが、孤食化が進み、食事をひとりで取ることが増えた時に、カサッカサッという

図2-10　「不満」のインサイトの例

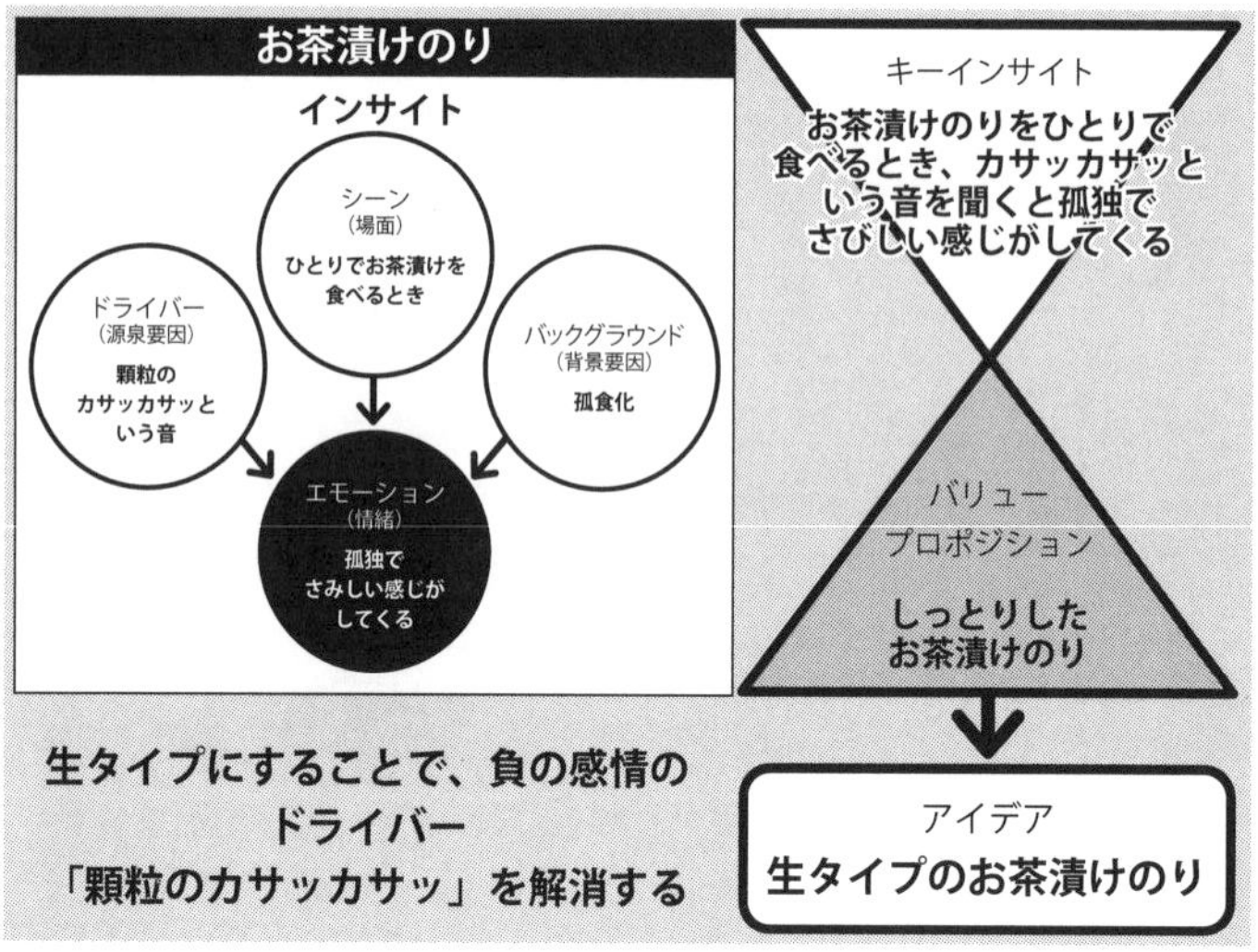
お茶漬けのり
インサイト
シーン
（場面）
ひとりでお茶漬けを食べるとき
ドライバー
（源泉要因）
顆粒のカサッカサッという音
バックグラウンド
（背景要因）
孤食化
エモーション
（情緒）
孤独でさみしい感じがしてくる
キーインサイト
お茶漬けのりをひとりで食べるとき、カサッカサッという音を聞くと孤独でさびしい感じがしてくる
バリュープロポジション
しっとりしたお茶漬けのり
アイデア
生タイプのお茶漬けのり
生タイプにすることで、負の感情のドライバー「顆粒のカサッカサッ」を解消する

乾いた音は、ものさびしさをかき立てるものになってしまったのです。

このインサイトから、「音」がドライバーとなって「さみしい」感情を生み出していることが最も不満に感じられているので、キーインサイトも「お茶漬けのりをひとりで食べるとき、カサッカサッという音を聞くと孤独でさびしい感じがしてくる」になりました。そして、その音が消える「しっとり」した質感を新たな価値＝バリュープロポジションとして提案。そのしっとり感を具現化した「生タイプのお茶漬けのり」というアイデアが生まれました。なお、このバリュープロポジションには、人の心をうるおす情緒価値まで含ませています。（図2－10）

「未充足欲求」のインサイトと、そこから導かれるアイデア

続いて「未充足欲求」のインサイトです。
取り上げるのは柔軟剤です。インサイトの4要素は以下のようになります。

- ［シーン（場面）］洗濯物を取り込んでたたむとき
- ［ドライバー（源泉要因）］おひさまの匂い
- ［エモーション（感情）］気分を上げたい
- ［バックグラウンド（背景要因）］家事や育児の面倒くささ

［シーン（場面）］は、洗濯物を取り込んでたたむ、という具体的な行為をする時です。［ドライバー（源泉要因）］は、おひさまの匂い（天日干しした洗濯物やふとんの匂い）が核になっています。未充足欲求インサイトの場合は、［ドライバー（源泉要因）］は現実に存在していないものや、感情との結びつきが想像のものというケースが多くなります。アイデアのヒントを得るために、人がぼんやりとイメージしていること、心の中に抱いて

図2-11　「未充足欲求」のインサイトの例

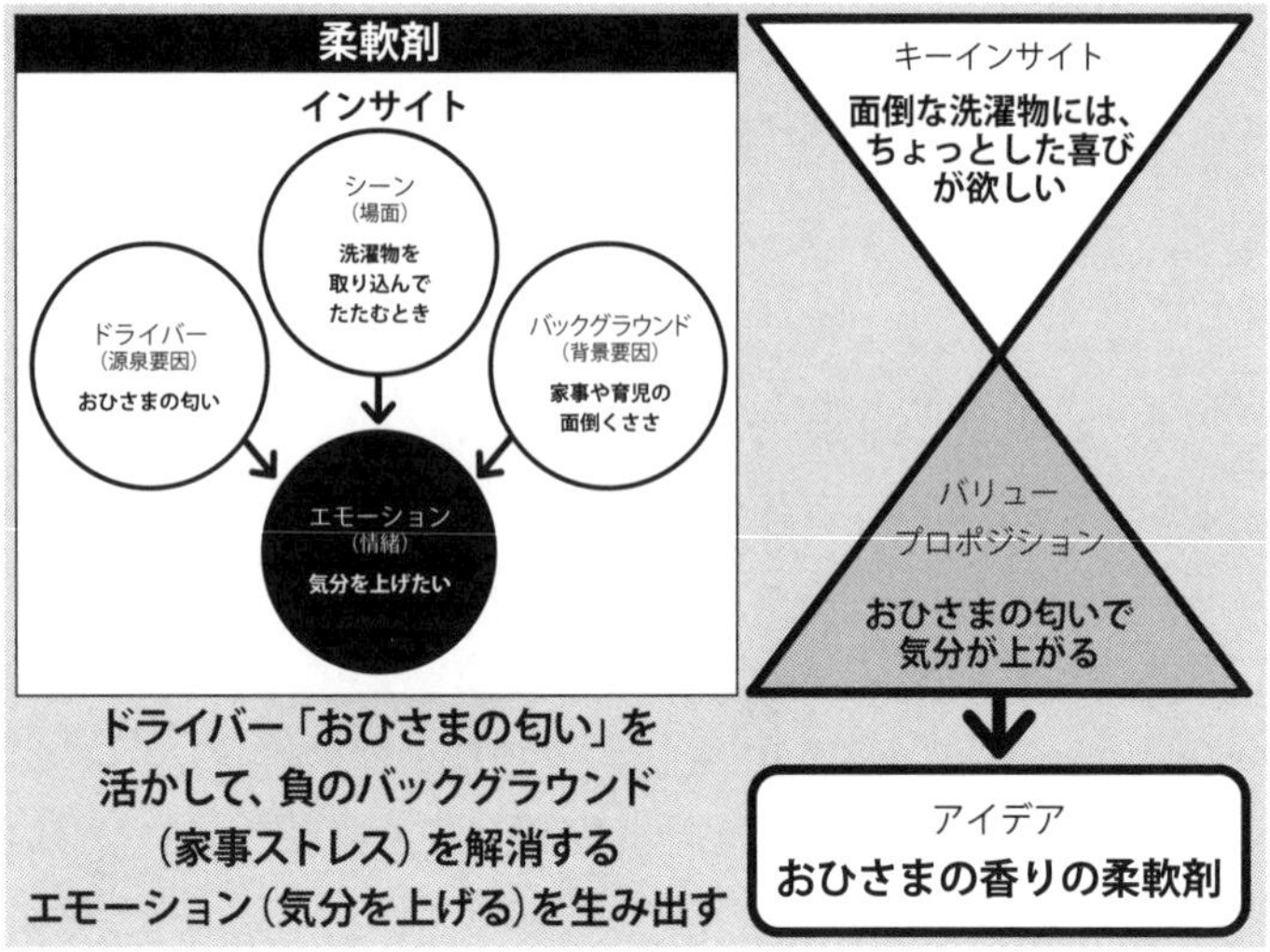
柔軟剤
インサイト
シーン
（場面）
洗濯物を
取り込んで
たたむとき
ドライバー
（源泉要因）
おひさまの匂い
バックグラウンド
（背景要因）
家事や育児の
面倒くささ
エモーション
（情緒）
気分を上げたい
キーインサイト
面倒な洗濯物には、
ちょっとした喜び
が欲しい
バリュー
プロポジション
おひさまの匂いで
気分が上がる
ドライバー「おひさまの匂い」を
活かして、負のバックグラウンド
（家事ストレス）を解消する
エモーション（気分を上げる）を生み出す
アイデア
おひさまの香りの柔軟剤

いることをできるだけ具体的に引き出さなければなりません。

「バックグラウンド（背景要因）」は、家事や育児の面倒くささ。このインサイトを感じているのが「小さな子どものいる主婦」という事実に関連しています。

この未充足欲求から導かれるキーインサイトは、負のバックグラウンド（背景要因）と欲求のエモーション（感情）に着目した「面倒な洗濯物には、ちょっとした喜びが欲しい」。この欲求を充たすバリュープロポジションが、家事や育児のストレスを解消してくれると想起された「おひさまの匂い」を提供する価値の提案です。そのドライバー（源泉要因）を柔軟剤に加えるアイデアに着地させています。（図2－11）

「キーインサイト」の要件

ここで、インサイトの4要素と3分類（価値・不満・未充足欲求）をふまえて、「キーインサイト」が充たすべき要件を整理しておきます。

キーインサイトは、前に「隠れた不満や欲求のエッセンス」と説明しました。その上で、次に挙げる3点が要件となります。

①バリュープロポジションを産み出し、充たし充たされの関係が成立していること

②「不満」または「未充足欲求」のエモーション（感情）と、他の要素の組み合わせで構成されていること

③②の他の要素とは、シーン（場面）・ドライバー（源泉要因）・バックグラウンド（背景要因）のいずれかひとつ以上であること

ここで上げた内容は、いずれもインサイトの4要素から抽出されます。

「不満」または「未充足の欲求」の形でキーインサイトが書かれ、それを「価値提案」であるバリュープロポジションが充たして解決することで、両者で「充たし充たされ」の関係が成り立ちます。

「価値」のインサイトで人はどう動くか

インサイトは人を動かす隠れた心理であると定義しました。価値・不満・未充足欲求のインサイトはそれぞれどのように人を動かすのかを説明しましょう。

「価値」のインサイトは、そのインサイトの対象に対するポジティブな行動を促します。価値インサイトと「人を動かす」ことには、次のような関係が成立します。

- 価値インサイトを感じる商品A → 商品Aを買う
- 価値インサイトを感じるサービスA → サービスAを利用する
- 価値インサイトを感じるブランドA → ブランドAを好きになる
- 価値インサイトを感じるブランドA → それまで選んでいた他のブランドから、ブランドAに替える
- 価値インサイトを感じる事柄A → 事柄Aを行う

（※事柄とは、日常行動、趣味、スポーツ、健康のための習慣など。以下同様）

価値を感じているのですから、そのインサイトとなる対象に、肯定的な行動を取る、肯定的な態度変容が起きる、というように人が動きます。

したがって、価値インサイトから、「その商品が買われている理由」「その行動をしている理由」「新しい選択をした理由」を理解することができます。

「不満」のインサイトで人はどう動くか

「不満」のインサイトは、そのインサイトの対象へのネガティブな行動につながります。

不満インサイトと「人を動かす」ことには、以下のような関係が成立します。

- 不満インサイトを感じる商品B → 商品Bを買わない
- それまでは感じていなかったが、不満インサイトを感じるようになった商品B → それまで買っていた商品Bを買うのをやめて、他の商品を買う
- それまでは感じていなかったが、不満インサイトを感じるようになったブランドB → ブランドBを嫌いになる

・それまでは感じていなかったが、不満インサイトを感じるようになった事柄B　↓　事柄Bをやめる

不満を感じているのですから、価値の場合とは逆に、そのインサイトとなる対象に、否定的な行動を取る、否定的な態度変容が起きる、というパターンで、人が動きます。

そして、不満インサイトから、「その商品が買われない理由」「その商品から他の商品に変えた理由」「その行動が行われない理由」「それまでしていた選択をやめた理由」が理解できるのです。なお、「買わない理由」については後ほどさらに詳しく説明します。

「未充足欲求」のインサイトと「人が動く」の関係

「未充足欲求」のインサイトと「人を動かす」ことには、以下のような関係が成立します。

・未充足欲求インサイトを感じる商品C　↓　そのインサイトが充たされると、商品Cを買いたくなる

・未充足欲求インサイトを感じる商品C　↓　そのインサイトが充たされると、それまで買っていた商品を買うのをやめて、商品Cに替えたくなる
・未充足欲求インサイトを感じるブランドC　↓　そのインサイトが充たされると、ブランドCを好きになる
・未充足欲求インサイトを感じる事柄C　↓　そのインサイトが充たされると、事柄Cを行いたくなる

欲求が充たされない状態が未充足です。その欲求が充たされると、「価値」が感じられる状態に変わります。そうなった時に初めて、「充たしてくれる商品を買いたい」「充たしてくれるブランドを好きになった」といった行動や態度の変化が起こります。充たされた後に、そのインサイトとなる対象に肯定的な行動を取る、肯定的な態度変容が起きる、といった人の動きが生まれるのです。

したがって、未充足欲求インサイトは、「人が動くための新たな可能性を教えてくれる」と考えられます。

さらに、未充足欲求インサイトからは、不満インサイト同様に「その商品が買われない

理由」も理解できます。また、価値インサイトと同時に未充足欲求インサイトが感じられている場合には、「現在買われている商品の満足度を高める手がかり」も得られます。

人を動かさない心理はインサイトではない

価値・不満・未充足欲求のインサイトは、このように「人を動かす」ことにつながります。逆に、人を動かすことができない心理はインサイトとは呼べません。

たとえば、インサイトと混同されやすい概念に「イメージ」があります。「この自動車Xは、先進的なイメージだ」といった場合です。これだけであれば、インサイトとは呼びません。なぜなら、「自動車Xが先進的な印象であること」は、その人にとって良い感じに思えることなのか、逆にいまいちな感じに受け取られていることなのか、「先進的」というだけではわからないからです。

もっと情報が得られて、「良い」と感じられているとわかれば、価値のインサイトであり、「いまいち」であれば不満のインサイトということになります。そして、「先進的なイメージ」であることが、その人にとってどうでもいいことや関心のないことであれば、インサイトとはいえない単なるイメージに過ぎないものなのです。

04

人の欲望は天使と悪魔の両面で捉える

欲求を基点としてインサイトを考える

未充足欲求だけでなく、価値・不満も含めて、「欲求」を起点としてインサイトを考えてみましょう。

価値インサイトは、何らかの欲求が充たされている状態で感じられます。欲求が充たされることで、ポジティブな心理が生まれます。

これに対して不満インサイトと未充足欲求のインサイトは、両方とも欲求が充たされていない（未充足）状態です。その中でも、ネガティブな感情が不満インサイトです。一方、ポジティブに求めている感情が、未充足欲求のインサイトです。たとえば、ある種の理想像といったものがそれに当たります。

表（善）だけを見ると「きれいごと」になりがち

「欲求」について考えていく上で、ぜひ意識してほしいのが、人間の心理には、「表と裏」のふたつの側面がある、ということです。

人間は、堂々と口にできる「善」「正しさ」といった「表」の心だけを持っているわけではありません。人前で口にすることがはばかられ、口にしたら周囲から怪訝な顔をされたり軽蔑されたりするような、悪い心、ダークサイドともいえる「裏」の面が必ずあります。この「裏」の面は、醜さや邪悪さにつながるため、正面から向き合うと自分自身でも目を背けたい、否定したいという気持ちになります。

キリスト教では、「暴食」「色欲」「強欲」「憤怒」「怠惰」「傲慢」「嫉妬」の七つの欲望を、人間を罪に導く可能性がある「七つの大罪」として戒めています。また、仏教でも「煩悩」という言葉で同じような戒めが説かれています。古今東西、人の心は正しく美しいことばかりではないということは、宗教も教えているのです。

人間はそのような「悪」の心から逃れることが難しい、そして、人間を動かす力は「善」よりも「悪」のほうが強い、というのが、人間の本質なのです。「悪魔のささやき」とい

図2-12 デビル／エンジェルとインサイト3分類の関係

	価値	不満	未充足欲求
デビルインサイト	デビル系価値インサイト	デビル系不満インサイト	デビル系未充足欲求インサイト
エンジェルインサイト	エンジェル系価値インサイト	エンジェル系不満インサイト	エンジェル系未充足欲求インサイト

う言葉があるように、誰もがその誘惑に負けそうになります。

なかなか表に出てこないこういった「悪の心理」を、私たちは「デビルインサイト」と呼び、特に意識するようにしています。これに対して「善の心理」は「エンジェルインサイト」と呼んでいます。

デビルとエンジェルの両面を見なければ、人間をすべて理解することはできません。しかしながら、インサイトを考える作業をしている時には、なかなかデビル側に目を向けることが難しく、どうしてもエンジェルに偏ってしまう傾向があります。そうすると、インサイトの理解も、表面的で深みが乏しい「きれいごと」に陥りやすいのです。

「私は清廉潔白な人間なので、悪魔の心などは持ち合わせない」とか、「自分はこれまで悪行三昧で、良識的な気持ちはすべて忘れてしまった」という人は存在しません。誰の心にも悪魔と天使がいて、その時々に応じてどちらかが顔を出し、せめぎ合っています。その行き来や葛藤こそが、人間らしさなのです。

デビルインサイトは、人に軽々しく話しづらいものです。そのため、インサイトを探る際に明らかにするのは簡単ではありません。上手に引き出すための手法やテクニックを用いる必要があります。

人間の欲望を8つに分類した「欲望マンダラ」

デビルインサイトとエンジェルインサイトは、大きく8つのグループに分類することができます。これは、私たちがこれまで600以上の案件を手がけていく過程において抽出してきた、数多くのインサイトを体系化したものです。それを一覧化して「欲望マンダラ」と名づけました。仏教の世界で用いられる「曼陀羅（マンダラ）」を模した図解となっています。（図2－13）
欲望、すなわち欲求の一覧です。その欲求が充たされると価値インサイトになり、充たされない場合は不満インサイト、充たしたいものという形を取れば未充足欲求インサイトとなります。

「欲望マンダラ」の見方　※次ページに表記

・内側が「エンジェルインサイト」、外側が「デビルインサイト」
・ふたつの軸で4つの象限を作り、さらに各象限をふたつの領域に分割して、それぞれ8つに区分されている
・同じ角度に置かれた内外の欲望が、対の関係になる
・上下の軸は「変化」↕「維持」。「変化」＝変化を求める、変化することをよしとする。「維持」＝現状を変えず保つことを求める、維持できることをよしとする
・左右の軸は「自分が起点」↕「他人が起点」。「自分」＝その欲望が生まれる要因は、自分のウェイトが高い。「他人」＝その欲望が生まれる要因は、自分以外の他人や外的環境のウェイトが高い
・その領域にある欲望を、代表する漢字一文字でネーミングし、さらにふたつの単語で補完している
・各領域の詳細な内容はこのあとに説明。理解を深めるために、それぞれの欲望と結びつく「トレンド事象」も紹介する

図2-13　人間の欲望を８つに分類

©Decom,Inc.

デビルインサイトの例 「制」傲慢・支配

イメージを膨らませていただけるように、デビルインサイト、エンジェルインサイトの中からいくつか具体的に説明していきましょう。

まずデビルインサイトの「制」です。「維持」と「他人が起点」にあたる右下の象限にプロットされます。

これは、他人に対して優位を保ちたい、他人を自分の意のままにしたい、といった欲求から生まれる心理になります。「制」という文字は「制御」=コントロールや、「人を制する」といった時の意味です。

たとえば、「他人に負けたくない」「主役になりたい」「優越感に浸りたい」「人を支配したい」「自慢したい」「見栄を張りたい」「傲慢になりたい」といった欲望です。（図2-14）

この欲望は、すぐ上にプロットされる「卑」の欲望の逆で、他人より自分が上でいたいという気持ちが背景にあります。自分が他人より下であること、劣っているというポジシ

図2-14　デビルインサイトの例「制」

制

- 他人に負けたくない
- 主役になりたい
- 優越感に浸りたい
- 人を支配したい
- 自慢したい
- 見栄を張りたい
- 傲慢になりたい

トレンド事象　マウンティング、上から目線

ヨンに置かれることをイヤだと思う気持ちがベースになっています。そして、他人より自分が上だと主張すること、アピールすること、他人の側を貶めることや力を誇示することなど、攻撃的な行動にもつながります。自己中心的であることをよしとする風潮や、他人との和よりも自分が大切、とするような思考の広がりも見逃せません。

★「制」のトレンド事象
——「マウンティング」「上から目線」

マウンティングは、集団の中で、相手より自分のほうが上だと格付けし、それを誇示する行動です。もともとは犬などの動物が行う馬乗り行為に端を発したもので、自分の優位を主張しなければ気が済まない人の行動です。近年よく使われる「上から目線」という言葉も、下に見られたくない、人から支配されたくないという「制」への拒否感から生まれているものです。

デビルインサイトの例 「暴」暴発・色欲

もうひとつのデビルインサイトの例は「暴」の欲望です。気持ちよい、楽しいといった気分がリミッターを越えてしまい、常識を越えたレベルではじけるような快さを感じるという心理です。右隣になる「逸」がストレスや束縛に対する反発であるのに対して、この「暴」は持っているエネルギーが暴走し、制御不能になることに快感を覚えるような欲望です。「大騒ぎしたい」「羽目をはずしたい」「理性をなくしたい」「暴走したい」「バカになりたい」といった欲望です。(図2-15)

現代の社会においては、欲望をそのままストレートに発露することがなかなか許されません。そのため、個人の心理状態としては常にフラストレーションが蓄積されがちです。結果、マグマのように溜まったエネルギーはチャンスをうかがい、刺激されると暴れ出してしまうのです。そのエネルギーは、うまく処理する精神的な回路が確立されないと、特に若い世代では奔流のように溢れ出してしまいます。

図2-15　デビルインサイトの例「暴」

暴

・大騒ぎしたい
・羽目をはずしたい
・性的な欲求を充たしたい
・理性をなくしたい
・バカになりたい
・暴食したい

トレンド事象　格闘技観戦、絶叫マシン

★「暴」のトレンド事象——格闘技観戦

プロレスや空手だけではなく、総合格闘技なども含めて、さまざまな団体が活動して人気を集めています。選手の肉体と肉体、力と力がギリギリのレベルでぶつかり合う試合をライブで観戦することで、観戦者も自分のエネルギーを吐き出し、擬似的に暴走させています。同じように、岸和田だんじり祭など地域の激しい祭り、絶叫マシンなどもこの欲望に結びつきます。

続いて、「エンジェルインサイト」を紹介しましょう。先に説明した通り、各エンジェルインサイトは、同じポジションになるデビルインサイトと一対の関係になります。根っこにある欲求が、「正」の表出をするとエンジェルインサイトになり、「負」の要素を伴うとデビルインサイトになるイメージです。

エンジェルインサイトの例　「容」親密・承認

エンジェルインサイトの例は「容」です。他の誰かに自分を受け容れてもらいたい、認めてもらいたい、親しい関係になりたい、という欲求に基づく心理で、デビルインサイトの「卑」と対になる欲望です。

具体的には、「認めてもらいたい」「親しくなりたい」「つながりを感じたい」「その人の愛情を感じたい」「コミュニケーションをとりたい」「自分を尊重してもらいたい」「淋しさを感じたくない」といった欲望です。（図2－16）

対人関係の中で、相手から認めてもらえることや、親しみや愛情を持ってもらえることを求めるのは、エンジェルの「容」もデビルの「卑」も同じ。相手と自分の上下や主従のポジションによって、自分自身の尊厳をどの程度保てるのかで「容」と「卑」に分かれます。自分を偽ったり苦しんだりすることなく相手に向き合える時に、「容」の欲望が生まれるのです。

図2-16　エンジェルインサイトの例「容」

- 認めてもらいたい
- 親しくなりたい
- つながりを感じたい
- その人の愛情を感じたい
- コミュニケーションをとりたい
- 自分を尊重してもらいたい
- 淋しさを感じたくない

トレンド事象　チェキ

★「容」のトレンド事象――「チェキ」

富士フイルムのインスタントカメラ「チェキ」は、撮ったその場で1枚だけの写真を残せます。その写真に直接ペンでメッセージを書き込み、プレゼントしたりパーティで使ったりするスタイルが、10代、20代の女性を中心に定着しています。複製可能で簡単にシェアできるスマホやデジタルカメラで撮る写真と違った、アナログならではの特徴を活かし、親密さを高めるアイテムです。

欲望をマンダラの形で整理することで、インサイト自体の理解が深まります。私たちは、この欲望マンダラを、実査で引き出しにくいデビルインサイトを引き出すために活用しています。また、インサイトを分析する、抽出しようとする時にも思考の助けになります。

エンジェルインサイトには要注意、一度デビルを疑ってみる

欲望マンダラでは、デビルとエンジェルが内と外で一対の関係になっています。この関係を意識することで、インサイトの洞察が深まります。

前に紹介したマクドナルドの事例で考えてみます。「お客様の声」として多く要望されていたのは「ヘルシーなものを食べたい」「サラダがあればいい」といった声でした。そして、この声に応えるために開発された「サラダマック」は支持を得られませんでした。この経緯は、お客様の声から、エンジェルの「律」の欲望を読み取り、その欲望に応える商品が提供されたと言えます。「律」、すなわち「自分を律したい、ちゃんとした自分でいたい」といった欲望です。しかし、その「律」の欲望は、建前であり、人がマクドナルドに求めるものではなかったのです。

そして、サラダマックの後にヒットしたクォーターパウンダーやメガマックという商品は、「マクドナルドでは、お肉たっぷりのハンバーガーにガブッとかぶりつきたい」という欲望を充たすものでした。これは、デビルの「逸」の欲望に応えた、といえます。「タ

ブーを犯したい、常識を無視したい」といった、良識から逸脱する快感がほしいという欲望に見事にフィットしたのです。

エンジェルな欲望は、一見すると「善きもの」であり、自分が信じることに抵抗がなく人々の同意も得やすい傾向があります。しかし、それを無自覚に受け容れると、奥深くにあって見えづらいけれども実は欲している、デビルな欲望を見落とす過ちを犯しかねません。エンジェル系のインサイトを読み取ったとしても、それを一旦疑い、デビルの目線で考えてみる。そうすることで、インサイトの読み解きの質が高まることを忘れないようにしましょう。

ここまで、インサイトの基本的な考え方を説明してきました。次の章からは、そのインサイトを、具体的にどのように使いこなせばよいかに入っていきます。

第2章のまとめ

- インサイトを元にした「隠れた不満や欲求のエッセンス」がキーインサイト。そのキーインサイトを充たす「価値提案」がバリュープロポジション。その提案された「価値を体験させる具体策」がアイデア。
- インサイトは、「客観的な事実に基づく感情」でなければならない。単なる感情だけでは的外れのアイデアを生む可能性が高まるので、インサイトと呼んではいけない。
- インサイトは「シーン（場面）」「ドライバー（源泉要因）」「エモーション（感情）」「バックグラウンド（背景要因）」の4つの要素で構成される。エモーション（感情）以外の要素は客観的事実が含まれるのが条件。
- インサイトは、「価値」「不満」「未充足欲求」の3種類に必ず分類できる。単なる「イメージ」など、人を動かさない心理はインサイトではない。
- 人間の欲望には、醜さ・邪悪さといった「裏」の欲望であるデビルインサイトと、善・正しさの「表」の欲望であるエンジェルインサイトがある。デビルインサイトは人を動かす力が強いが見えにくく、無視するときれいごとで一面的な人間の理解に終わってしまう。

第3章

ユーザーや競合ではなく〝人間を見に行く〟

01

〝人間を見に行く〟ことがイノベーションの出発点

「人間を見に行く」から始める

本田技研工業創業者である本田宗一郎氏は、次のような趣旨のことを話しています。

研究所は人間の気持ちを研究するところであって、技術を研究するところではない。研究所の技術者が第一にすべきことは、お客様の心を研究し、お客様に喜んでもらう将来価値を見つけること。それが分かったら、手段である技術を使って、その将来価値を実現すればよい。

この言葉は、まさにインサイトを起点にしたビジネスの流れと合致しています。「人間の気持ち」「お客様の心」を研究することがすべてのスタートであり、その気持ちや心を充たす価値とは何かを考える。その価値を充たすために、手段として技術を用いて、実際に製品というものを提供していく、というプロセスです。

「人間の気持ち」「お客様の心」は表に出ているものではなく、簡単に読み取ることはできません。これはインサイトの「隠れた心理」という考え方と合致します。

そして、技術はあくまで手段である、ということ。インサイトを充たすために技術を使うという考え方が重要です。たとえ新しい技術や優れた技術であったとしても、インサイトを充たすものでなければ、いわば「技術のための技術」となってしまうのです。

インサイトをビジネスプロセスの中に組み込むだけでなく、インサイトを起点に置いて考えることで、単に消費者のニーズを捉える、消費者の声を聞くというだけでは到達できない、イノベーションにつながるアイデアを開発することができます。

近視眼的な発想では消耗戦を続けるだけ

現状は、多くの商品カテゴリーが「だいたい、良いんじゃないですか？」と感じられている状況になっている、と前に述べました。

この状況は、商品を送り出す側が、消費者が「どうでもいい」と思っている問題ばかり考えている、と言えます。

そのような問題しか見えていないので、改善に取り組み、新製品を投入しても、大した反応が得られないのです。

「インサイト起点＝人間を見に行く」のではなく、競合の動向や流通のニーズ、技術基点の発想、人間でなくユーザーとして見る、といった近視眼的な発想での競争に陥っているため、イノベーションも生まれません。

その結果、新たな顧客創造はできず、市場は広がらない、大きく「儲かる」ビジネスにもならない、というスパイラルに入ってしまいます。結果的に消耗戦になり、限られたパイを奪い合うことになります。

そして、先にお話しした、ガラケーの競争にスマホが参入し市場を席巻していくケースのように、新しい視点の競争相手が現れると、それまでの狭い範囲での競争が無意味なものになるということが起こるのです。

02 イノベーションを実現したアイデアとインサイト

イノベーションに必要なのは「非連続性」

そもそも、イノベーションとは何を指す言葉なのでしょうか。

先にも述べた通り、成熟化が進んだ社会において、人々を「欲しい！」という気持ちにさせる商品は簡単には生まれません。

ある商品やサービスのカテゴリーが生まれて間もない場合は、進歩することで消費者に価値を感じてもらうことができます。しかしそのカテゴリーが成熟してくると、進歩することに対して消費者が価値を感じられなくなるのです。

そこで価値を感じてもらうためには、従来の価値の延長線上で差を感じさせるのではなく、その延長線上にない新しい価値を感じさせなければなりません。

その「従来の価値の延長線上にない、新しい価値を創造すること」がイノベーションなのです。

ケインズと並び称される経済学者ヨーゼフ・シュンペーターは、著書『経済発展の理論』でイノベーションという概念を説明する際に、「非連続性」が重要であることを指摘しました。その例として「郵便馬車をいくら連続的に加えても、それによって決して鉄道を得ることはできないであろう」と説明しています。馬車の「馬が引く車が、既存の道路を走る」という現状のあり方にとらわれている限り、蒸気エネルギーと線路を用いたまったく別次元のシステムである鉄道の発想は得られない、というわけです。

しかし、「馬車から鉄道へ」の価値の「路線変更」をビジネスの現場で実現することは簡単ではありません。「より速い馬車」や「搭載量がより多い馬車」を作ること＝技術を進歩させること、に終始しており、「鉄道という新しいシステムを創る」といったイノベーションを起こすアイデアがなかなか生まれないのです。

「既存路線の上での進歩」によるアイデアは、どこかで聞いたことがあるようで、なんとなく面白くない、と感じてしまいます。そうではない、「新しい路線を生み出す路線変更」につながるアイデアを生み出すために、インサイトは有効な武器となるのです。

図3-1　イノベーションサークル

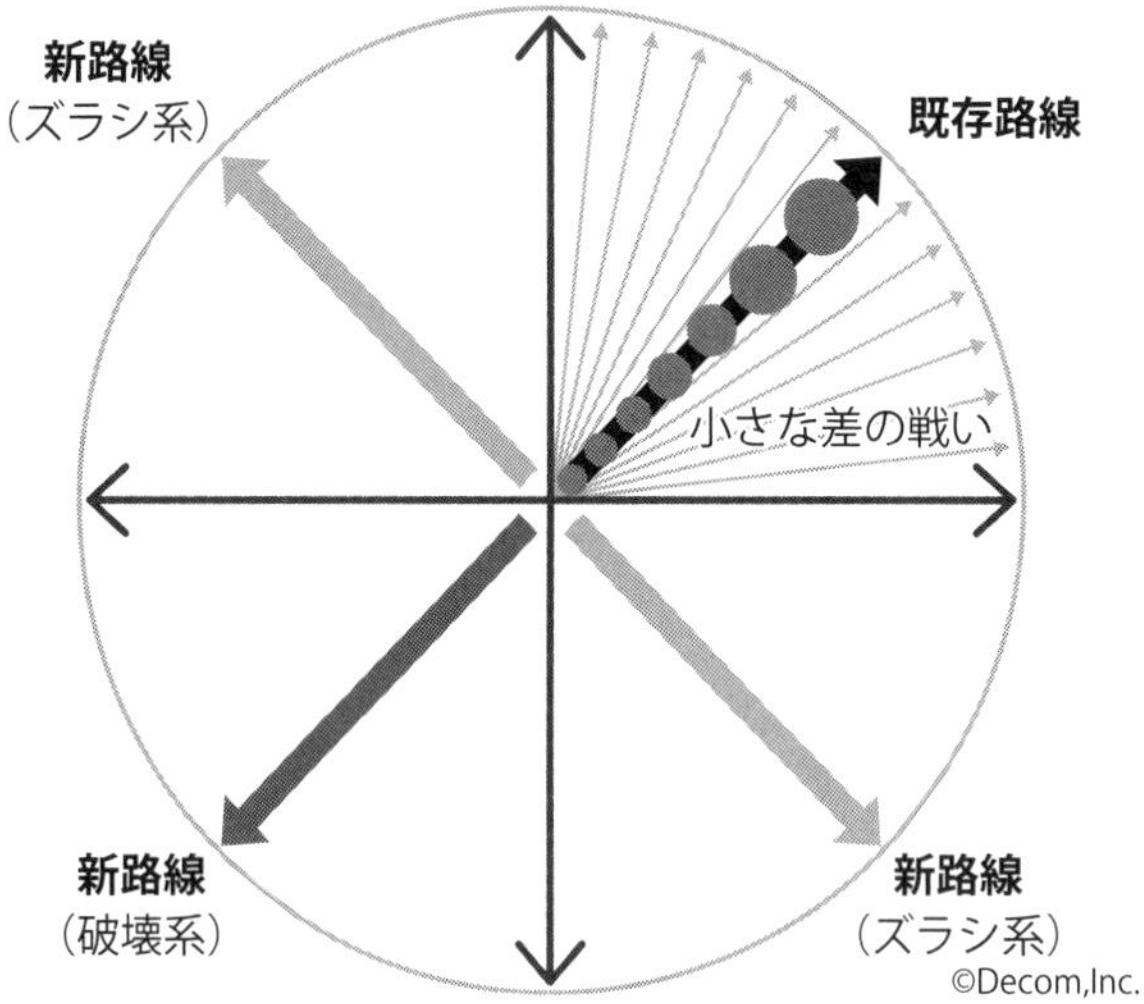

この「既存路線」と「新路線」という考え方を、「イノベーションサークル」として整理したのが図３－１です。

すでにある価値と同じ向きのベクトルで、小さな差しか感じられない中で戦っていくのが「既存路線」です。これに対して、既存の価値と１８０度反対のベクトルが「新路線（破壊系）」。さらに、完全に逆方向とはいえないものの、明確な「違い」を感じられる方向のものを「新路線（ズラシ系）」と呼んでいます。

「破壊系」は、価値を構成する要素の中でもある部分が完全に逆転しているもの。これに対して「ズラシ系」は、完全に逆ではないものの、既存価値と明確な方向の違いが感じられるものを指しています。

次に、イノベーションを実現したアイデアとインサイトの例を見ていきましょう。

「新路線（破壊系）」の例　AKB48

既存路線：会えないアイドルへの憧れ
新路線：会いに行けるアイドル

インサイトの例で紹介したAKB48の「会いに行けるアイドル」という価値の提案は、明確に破壊系の新路線となっています。

それまでのアイドルは、テレビの画面や時折開催されるコンサート会場でしか見ることができない、遠くに離れていた存在でした。その「距離の遠さ」を利用して憧れをかき立てる、メディア露出やプロモーションを行って競争していました。

前述の通り、そこには「会えないアイドルへの憧れを煽られていることに、うんざり」というキーインサイトが生じていたのです。

そのキーインサイトを捉えた「会いに行けるアイドル」という正反対の提案がAKB48というグループの下に始まりました。このように変えることで、「決まった会場で」「至近距離で」「毎日会える機会がある」といった、他にない新たな価値の源泉が生み出されました。その結果として大きな支持が得られたわけです。

そして、アイドルのメインストリームは「会いに行ける」タイプになり、カテゴリー内での価値転換が起きたのです。

「新路線（破壊系）」の例　ディズニーランド

既存路線：子供が楽しむ遊園地
新路線：大人が夢中になれる場所

同じくインサイトの例で紹介したディズニーランドも、「大人が夢中になれる場所」という新路線でイノベーションを実現しました。

それまでの遊園地は、子供が楽しむもので、大人はベンチに座って子供たちが遊ぶ姿を見守るだけのものでした。ホスピタリティという言葉からもほど遠く、所詮子供が遊ぶものだからこの程度でかまわないだろう、と考えられていました。「遊園地は子供ばかりで大人が楽しめるところじゃない」というキーインサイトがあったのです。

自分自身もふたりの娘の父親であったウォルト・ディズニー氏は、そのような場所に身を置きつつ、大人も一緒になって楽しめる空間があればいいのではないかと考えました。

そこで彼は「私はディズニーランドが、幸福を感じてもらえる場所、大人も子供も、ともに生命の驚異や冒険を体験し、楽しい思い出を作ってもらえるような場所であってほしいと願っています」として、あらゆる世代の人々が一緒になって楽しむことができる〝ファミリー・エンターテイメント〟を提供する「テーマパーク」という新たなカテゴリーを創造。世界中の支持を受け、現在においても隆盛を誇っています。

「新路線（ズラシ系）」の例　マウンテンバイク

既存路線：普通の道を移動するための乗り物
新路線：山道で遊ぶための乗り物

ズラシ系の新路線も事例を紹介します。マウンテンバイクです。マウンテンバイクは、１９７０年代の初めに米国で若いサイクリング愛好家が自分の自転車を改造してオフロードで使い始めたことから生まれました。太いタイヤやサスペンションを取り付けて山道を走っていたのです。

このような状況を見ていたスペシャライズドという会社が、１９８２年に大量生産を始めました。それに主要な大手自転車メーカーが追従し生産を開始。１９８０年代の半ばには、マウンテンバイクは自転車市場における製品カテゴリーとして確固たる地位を確立しました。そして、２０００年には、米国内自転車市場の65％（小売金額ベース）を占めるまでになりました。

「山道を走っていても普通の自転車では攻め切れず、満足できない」といったインサイトに対して、「山道を走ることに特化した性能で、攻める快感が感じられる」といった新路線の価値を提案。従来は「普通の道を走る」という目的しか与えられていなかった自転車が、「山遊びのためだけに使う」という新たな使用目的を設定することで、「マウンテンバイク」というカテゴリーを創造しました。

ここまで、既存路線から新路線への転換というイノベーションを実現したアイデアを見てきましたが、そのアイデアの裏には、人々のインサイトを突いているという実態がありました。その時点では表面化はしていないものの、人々の潜在意識に隠れている不満や未充足欲求のインサイトに応えることで、そのカテゴリーの流れ全体を変革してしまうのです。既存路線と大差のない競争に明け暮れるのではなく、戦いをまったく異なるフィールドに持っていってしまうのです。

03

人間を見に行く＝ターゲットの興味や関心に寄り添うこと

直接、消費者に答えを求めてはいけない

　ここから、「人間を見に行く」という考え方を用いて、インサイトによる課題解決の道筋をどのように作っていけばよいかを説明していきます。

　たとえば、課題が「商品が売れていないので、対応策を探したい」や、「もっと売上を伸ばしたいので、新規顧客層を増やしたい」であったとします。

　このような対策を考えなければならない時、知りたい情報は「なぜその商品は買われないのか」です。アイデアを考えていく際に、非常に有益な情報となることが明らかだからです。

　では、消費者が「その商品を買わない理由」を知るには、どうしたらよいでしょうか？

図3-2　買わない理由の法則

「買わない理由」を知りたい時、
それを消費者に直接聞いてはいけない。

それは、以下のような理由から。

なぜ買わないのかを消費者に尋ねても、
明確な理由が返ってこない

答えは返ってくるが、
その先の打ち手（対策）につながらない

もっともらしいことを言うけれど、
真の理由なのか怪しい

この時にやってはいけないのが、次のような行為です。

- 買わない理由を直接聞いてしまう
- わかりたいことを直接質問してしまう
- 答えを直接的に聞き出そうとする

一見すると当然の質問のようですが、これこそ避けるべきことです。

「買わない理由」を直接聞いてはいけないのは、以下のような理由からです。

- なぜ買わないのかを消費者に尋ねても、明確な理由が返ってこない
- 答えは返ってくるが、その先の打ち手（対策）につながらない

・もっともらしいことを言うけれど、真の理由なのか怪しい

そもそも「買わない理由」を消費者自身は明確に認識しているわけではありません。無関心であることも珍しくありません。その場合、質問しても「なんとなく」以上の答えが得られないのは、当然のことなのです。

さらに、たとえ答えが返ってきても、次のような回答ばかりになり、打ち手（対策）を考えようがないといったこともよくあります。

「高いから」↓安くするしかないのか？

「自分向きじゃない」↓自分向きと思ってもらうにはどうしたらいいのか？

このように対応しようのない、身もふたもない回答が出てくることも珍しくありません。

第1章で説明したように、「消費者は、自分の行動を正しく説明できない」という前提があります。また、消費者は「自分にとって辻褄が合うように理由を考えてしまう」こともしがちです。単純に調査をするだけでは、この壁を乗り越えることは難しいでしょう。

人間を見に行くことから、「買わない理由」を理解する

では、どうすべきなのか。

それは、「買わない理由を聞かずに、買わない理由を明らかにする」ことです。「買わない理由」を聞いてはいけない、という説明は先にしました。では、どうやって買わない理由を明らかにすればよいのでしょうか。

それが「価値→不満→だから、買わない」という手順を踏むことです。（図３－３）

価値から入って、不満を明らかにします。

ここで明らかにする価値とは、買わない理由を知りたい対象の価値ではありません。知りたい対象とは別の「その人の関心ごと」の価値を明らかにします。

その人の関心ごとについては、後に説明する「ＶＩＬ」や「生活の14分類」という考え方を活用して、その人が関心を持つことができるテーマを設定します。

そこで明らかになった「その人の関心ごと」の価値と比較して、本来「買わない理由」を知りたい対象の不満、を明らかにします。

このふたつを比較することで、なぜ買わないのかの理由が浮かび上がってきます。

図3-3　買わない理由を明らかにする

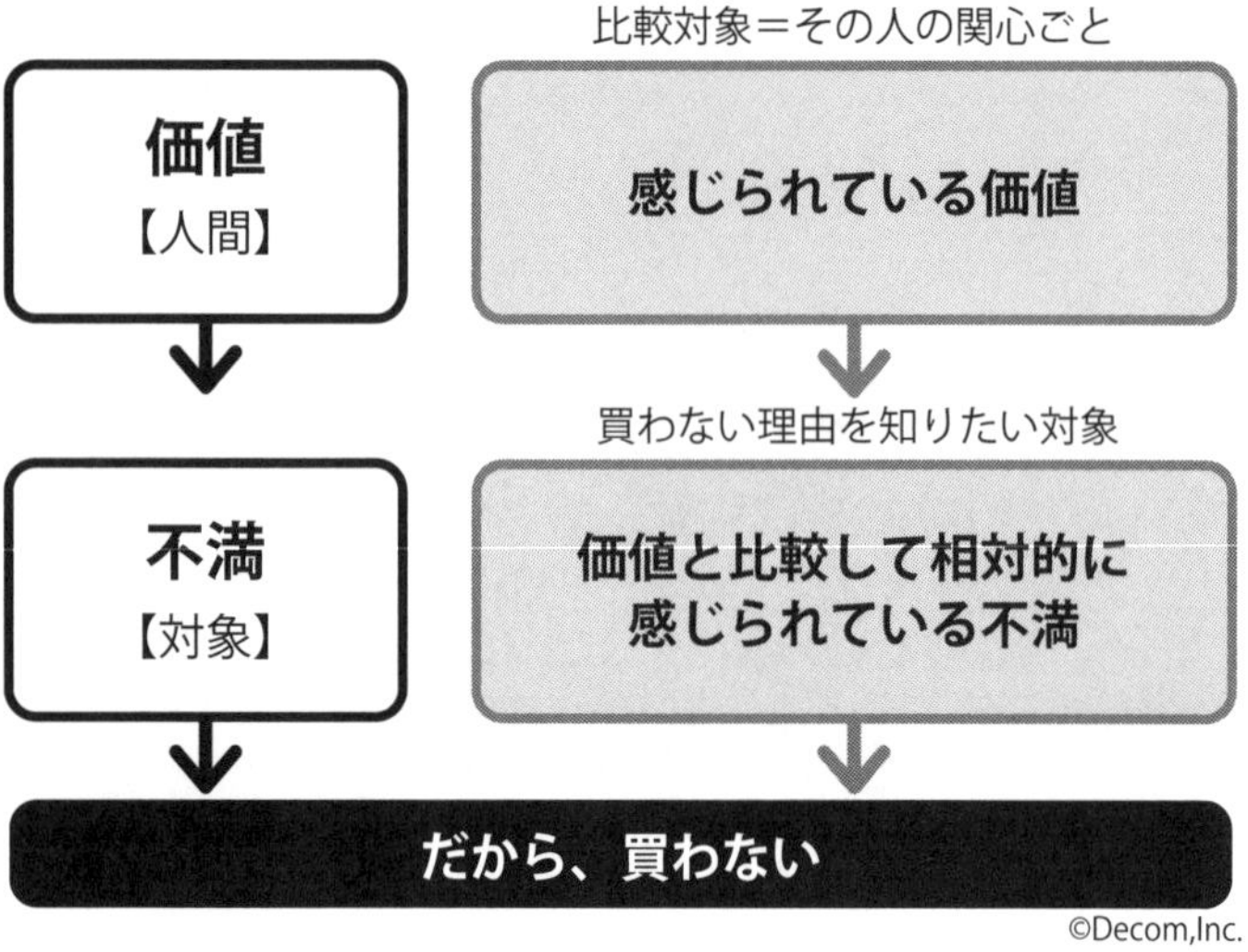

なお、この価値・不満は、意識の表層に浮かび上がってきていない、価値インサイト、不満インサイト、と同じ意味でお考えください。

事例　幼児向け通信教育ブランドの価値向上

ここからは事例で考えていきましょう。まずは、幼児向け通信教育ブランドの「使わない原因を探る」プロジェクトです。

過去に実施された調査では、入会しない理由を質問しており、そこで挙げられていたのは「料金が高い」や「部屋の中の物が増える」といったものでした。

しかし、料金は現状の利益を維持するためには下げられませんし、通信教育というカテゴリーの特性上、教材をなくすということもあり得ません。そして、このような料金や教材への不満が本当の問題なのか？　本当に解決すべきことは他にあるのではないか？　という疑念も強く感じられていました。

そこで、インサイトを明らかにする母親層にとっての関心ごとで、価値を探る対象に設定したのが、「育児」全般についてです。

幼児向けの通信教育には興味はなくても、育児そのものには興味がない母親はいないだろう、と考えたのです。

インサイトリサーチを行い、母親層が育児に関して感じる価値を探りました。リサーチの方法は、写真に「育児に感じる価値」を投影させ、無意識の領域を言語化させる「ビジュアル刺激法」でした（第５章にて詳しく手法の説明をしています）。

その中で、次のような価値を感じるシーン（場面）が浮かび上がってきました。

「夫がアウトドアで子供と楽しそうに遊んでくれているのを少し離れた場所から眺めているとき、あ～子供を産んでよかった、と実感する」

この、育児における価値に比較してもらうと、教材に感じている不満が次のように浮かび上がってきました。

図3-4　幼児向け通信教育ブランドの例

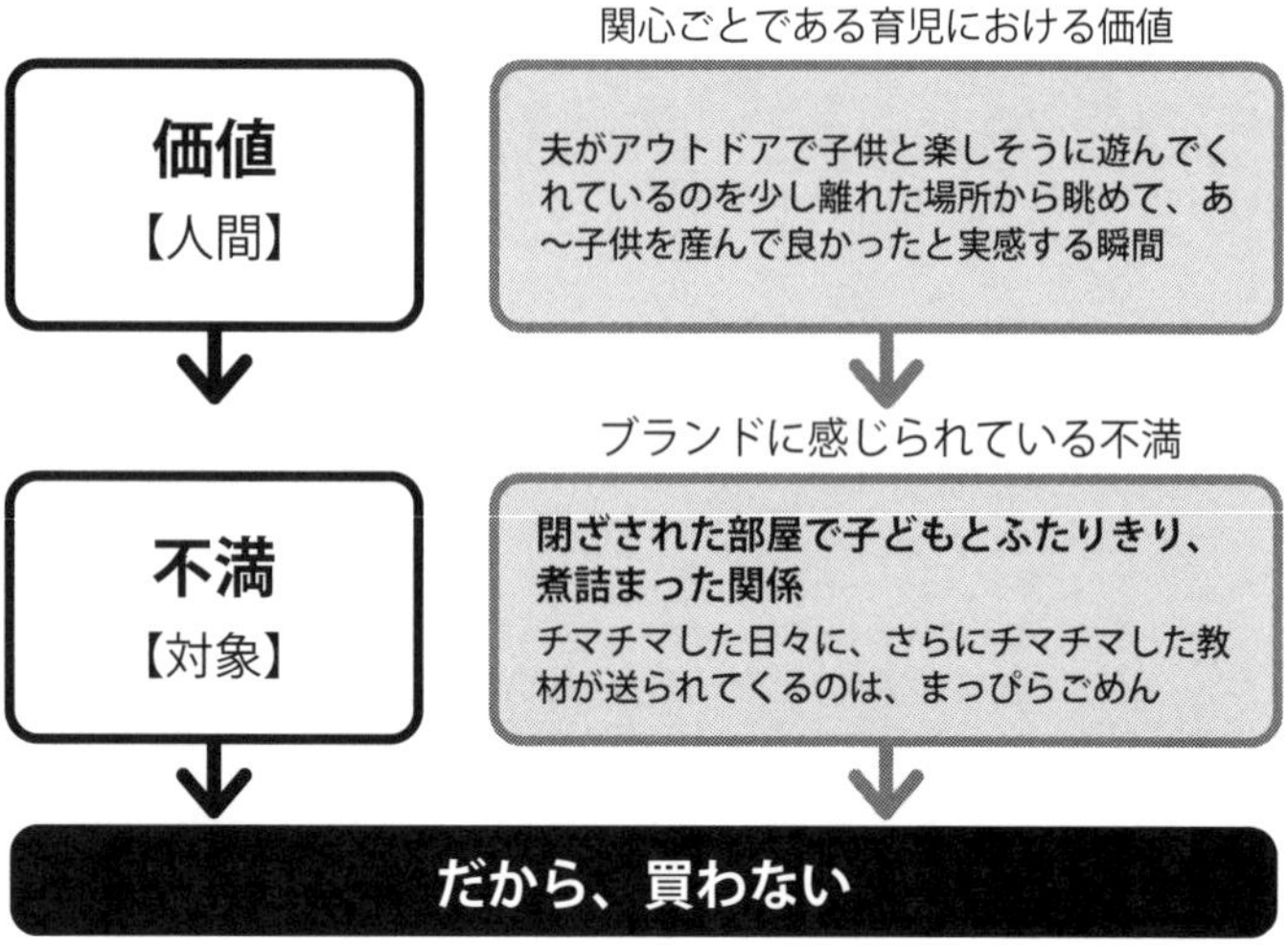
関心ごとである育児における価値
価値
【人間】
夫がアウトドアで子供と楽しそうに遊んでくれているのを少し離れた場所から眺めて、あ～子供を産んで良かったと実感する瞬間
ブランドに感じられている不満
不満
【対象】
閉ざされた部屋で子どもとふたりきり、煮詰まった関係
チマチマした日々に、さらにチマチマした教材が送られてくるのは、まっぴらごめん
だから、買わない

「閉ざされた部屋で子供とふたりきり、煮詰まった関係。チマチマした日々に、さらにチマチマした教材が送られてくるのは、まっぴらごめん」

　青空の下で夫と子供が遊んでいるのを眺める時の、子供がのびのびと育ってくれていると感じる幸福感。このような育児の価値に対して、子供とふたりきりで家の中で過ごしていることが実際には多く、母親は煮詰まり感を覚えているという背景要因がありました。

　そんな母親のもとに届けられるＤＭには、チマチマした印象を与える細かい教材がぎっしりと紹介されていて、母親をさらにイライラさせるような印象を与えていたのです。それが真の「買わない理由」だったのです。（図

３－４）

その買わない理由への打ち手が、「ダイナミックな体験を与えて、子供のやる気を引き出す教材」というバリュープロポジションです。体験することを重視したコピーに変更され、アウトドアや自然の中で解放感を感じられる世界観を伝えました。教材の内容も、子供のさまざまな体験を促すものにシフトされました。

このような、「買わない理由」をターゲットの関心ごとのインサイトから探索して、ネガティブな印象を払拭するアイデアに結実させることで、大きな成果を上げることができたのです。

事例　若者のクルマ離れを食い止める

次に紹介するのは、若者のクルマ離れを食い止めよう、というプロジェクトです。若者のクルマ離れ、すなわち、若者層のマイカーの所有意向が低い、クルマへの関心が下がっている、といった状況を打開するにはどうすればいいかを考えることがテーマです。それを考える上で、「若者がクルマを買わない理由」を明らかにすることが求められました。

そこで、クルマと関係しているライフスタイルに着目することにしました。20代男性の

「外出の回数」が少なくなっているというデータから、休日の過ごし方として外出より家の中で過ごすことを好ましく感じている、と考え、この実態を「ポジティブにひきこもる」と定義づけました。この「休日にポジティブにひきこもること」に対する価値を探りました。データに基づいて、人間（＝20代の若者）の関心ごとに寄り添った結果「ポジティブにひきこもること」の価値を探ることになったのです。

そして、その価値に比較して不満を探る対象は、その「ひきこもり」と逆の行動になり、クルマを使うシーンでもある「お出かけ・外出すること」としました。

その結果、以下のようなことがわかりました。（図3－5）

まず、「ひきこもり」に対して、「ひとの視線から解放され、自分の好きな世界に没入できる」という価値が感じられている。その一方で、平日の仕事で過ごす時間は、メールでのやりとりも多く血が通っていないように思えて、無機質で味気ないと感じられていました。そして、休日に家で好きな小説を読んだりアニメやゲームを楽しんだりするほうが、生きているリアルな実感が持てると思われていたのです。

これに対して、外出することに対しては「リフレッシュするはずが、周囲を気にして逆に疲れてしまう」という不満が感じられていました。常にひとの目を気にしてしまう、ど

図3-5　クルマと関係している若者のライフスタイル

ひとの視線から解放され、自分の好きな世界に没入できる

ひきこもりに感じている価値

リフレッシュするはずが、周囲を気にして逆に疲れてしまう

外出に対する不満

クルマ
＝
自己主張のかたまり

主張とかアピールは、平日だけで十分だ。休日まで、自己主張と関わりたくない。

クルマに対する不満

図3-6　若者のクルマ離れを食いとめる例

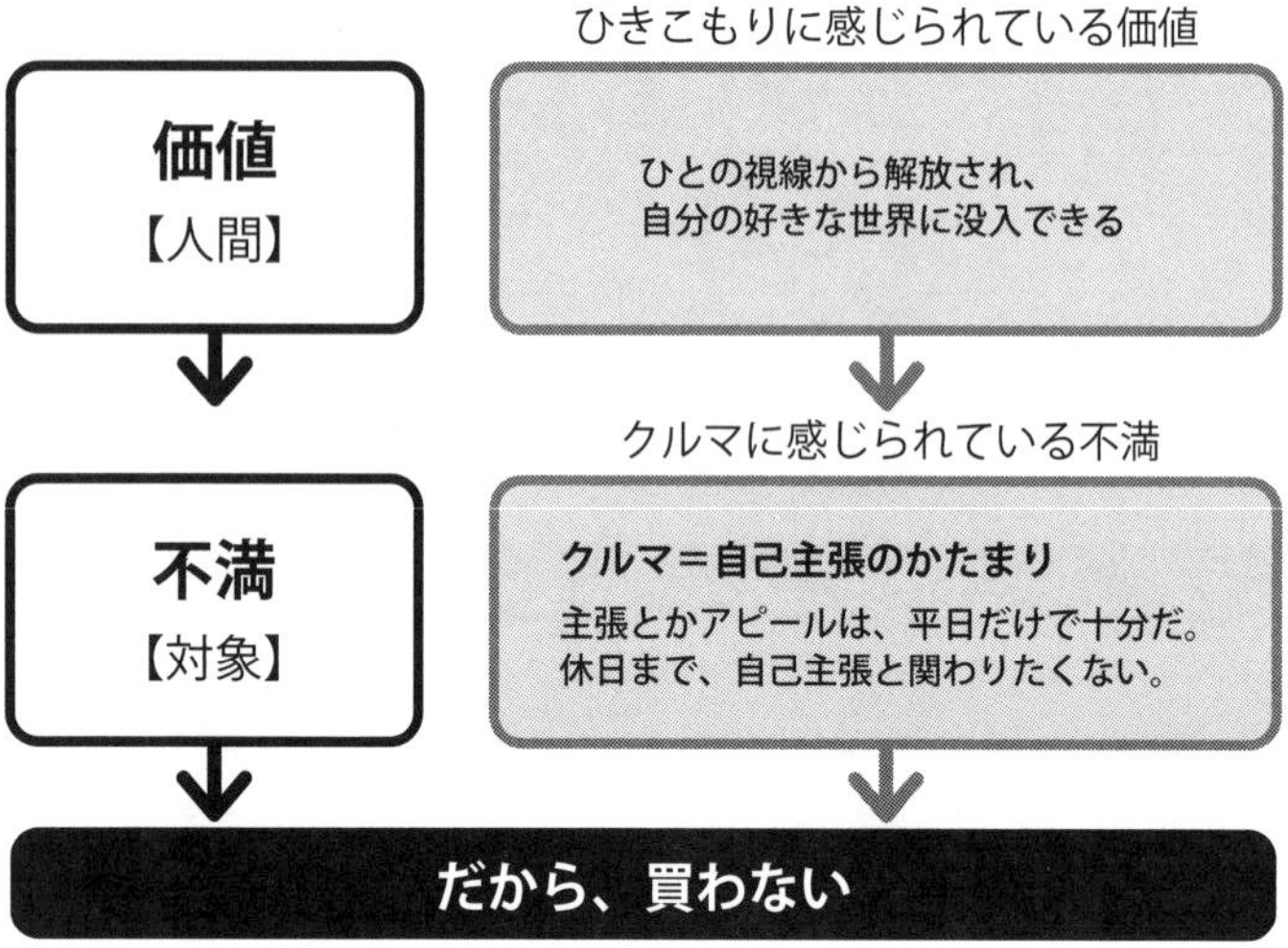
価値
【人間】
ひきこもりに感じられている価値
ひとの視線から解放され、
自分の好きな世界に没入できる
不満
【対象】
クルマに感じられている不満
クルマ＝自己主張のかたまり
主張とかアピールは、平日だけで十分だ。
休日まで、自己主張と関わりたくない。
だから、買わない

う見られているのかを意識しているとリフレッシュできない、という不満が、外出することに感じられていたのです。

そして、「ひきこもり」の価値と比較させて、クルマに感じられている不満を探りました。それが「クルマ＝自己主張のかたまり。主張とかアピールは、平日だけで十分だ。休日まで、自己主張と関わりたくない」という不満だったのです。クルマというものがずっと持ってきた「自己アピール」という要素が、逆にひとの目を意識させられることに抵抗を感じている若者層にとって、否定的にとらえられていたということがわかったのです。（図3－6）

このような「買わない理由」に響く提案と

図3-7 「人間を見に行く」ことで「買わない理由」を明らかにする考え方

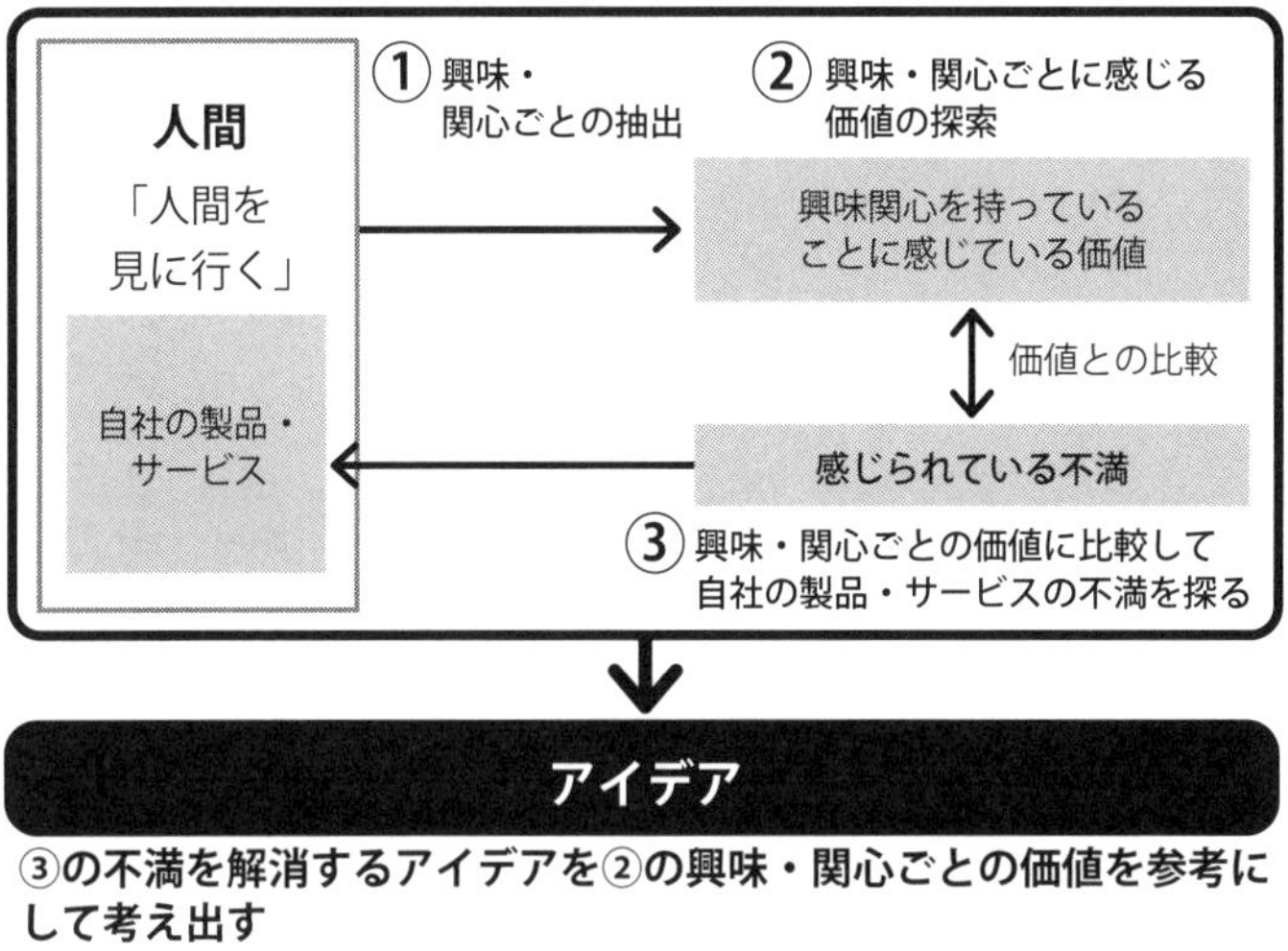

して、「主張を消し、環境や街の風景に溶け込むクルマ」というバリュープロポジションが生まれました。「環境や風景に溶け込む性能やデザイン」というアイデアにより、他人の目を意識することなく楽に乗れるクルマを作ることで、このような心理を持つ層に響くのではないかという結論が導かれたのです。

このように、「買わない理由」を自社の製品やサービスではなく「人間を見る」ことを起点として明らかにする、その考え方を図３－７に整理しました。

「関心のないこと」のインサイトを、「人間を見に行く」考え方で調べる

直接「買わない理由」を聞かない、という考え方は、買わない理由以外にも「誰のどんなインサイトを調べるか」を設定する際に活用できます。

たとえば、その対象について関心のない人の、その対象に対するインサイトを知りたい、という時です。関心のないことについて、真正面からその人が感じている価値や不満を調べても簡単に手がかりは見つかりません。

ここでも「人間を見に行く」という考え方が有効です。

売り手の側が知りたい、という理由だけで、無関心なことを質問しようとするのは、独りよがりで傲慢な考え方です。ターゲットの興味関心に寄り添うことを起点にする。それが正しい道筋であり、また一番の早道なのです。事例で説明しましょう。

事例 男性ミドル層のスキンケアに関するインサイトを調べる

男性ミドル層で「スキンケア」に関心が高い人は多くありません。実際に肌の手入れを

細かくしている人の比率は低いのが実態です。こういった層向けの新ブランドを開発するためにインサイトを調べる場合、どのようなことに着目すべきでしょうか。

「買わない理由」を探る時と同様に、まずその人たちにとって関心がある物事のインサイトを探ります。

ここでは、「スキンケア」や「肌」のことではなく、「自分の顔」についてのインサイトを探ることにしました。肌のお手入れはしておらず、スキンケアには無関心でも、自分の顔について関心がないという人は少数派だからです。

そして、顔に関することと比較させることで、肌について感じていることを読み取れると考えたからです。

しかし、ただ自分の顔について聞くだけでは、感じていることを引き出すのは難しいでしょう。そこで、以下のようなＷｅｂリサーチを行いました（「Ｗｅｂリサーチ」とは、調査会社があらかじめ保有している数百万人の「モニター（パネルとも言う）」の登録者に協力を依頼し、Ｗｅｂ上でアンケートに回答してもらう調査の仕組み）。まず自分の顔について過去と現在で比較させ、その変化に対する意識を顕在化させます。その顔の変化に対する意識と比較して、改めて肌についての変化をどのように感じるか聞くことで、現在の肌についての不満を導く、という流れでした。

リサーチの結果から、顔つきと肌に共通して「ハリ」に関心が向いていることがわかりました。

そして、「肌のハリを失ってたるみ、輪郭がぼやけるとますますおっさん顔になってしまいそうでイヤだ」というキーインサイトを引き出すことができました。

スキンケアに関心のない層にとって、スキンケアに関していきなり問いかけられても、肌のハリという要素が気になる、といった心理を引き出すことは難しかったはずです。

肌でなく「顔」を探索の起点にすることで、彼らが気になる点を浮かび上がらせることができました。

普通の人のちょっと変わった事象を収集する「新奇事象」

「人間を見に行く」という考え方を実践するもうひとつの考え方が、「新奇事象」です。

これは、一般の人が行っているちょっと変わった事象のことです。

詳しく説明すると、普通の人が行っているちょっと変わった消費行動や生活行動、最近のお気に入り・マイブーム・こだわり・工夫といったもの、あるいは提供している企業の側から見ると間違った使い方、使い方は普通だが目的がユニークなもの、などの総称です。

具体的にご紹介しましょう。

若者が、オンロード用の自転車を改造して山道を楽しんでいる
↓〈そこから生まれたアイデア〉「マウンテンバイク」の開発

工事現場などで使用されるマスキングテープで、写真のコラージュなどを楽しむ
↓〈そこから生まれたアイデア〉女性向けの雑貨としてのマスキングテープ開発

いずれも実際に、商品のアイデアとなっています。

成熟した市場では、このような事象に着目することで、消費者が潜在的にどんなことを求めているかの「芽」を理解できるのです。したがって、その芽からアイデアを見出すことができます。

新奇事象は、後に説明するオポチュニティ（機会）を発見するための材料としても使えます。まだ既存の商品が充たしていない潜在的な欲求に気づき、理解を深めるために、こ

のような事象を幅広く揃えて掘り下げていきます。

「新奇事象」を収集するには

新奇事象は、次の3通りの方法で収集します。

ひとつは、デスクリサーチです。雑誌・新聞・テレビ・Ｗｅｂなどの情報や各種ニュース、シンクタンク・広告会社の発行レポート、業界誌・業界紙などの専門メディア、ＳＮＳなどの情報から、探し出したいテーマに関する新たな生活者行動を収集します。

次は、新奇事象収集のためのＷｅｂリサーチです。探したい行動を行っているかを確認し、該当する人には文章完成法（手法は後述）によってその行動の詳細を確認します。また、その時のシーンや感じている気持ちなど、インサイトに関連する情報も収集しておきます。Ｗｅｂリサーチを行うと、サンプル数の3～5％の割合でユニークな新奇事象が出現する傾向にあります。

もうひとつ挙げられるのは、いわゆるタウンウォッチングなどによる、現場での収集です。新しいスポットや、話題になっている場所を実際に訪問して、その場で行われていることを観察し、注目される行為を収集します。場合によっては、実際にその行動を行って

図3-8　新奇事象の例

炭酸洗顔

シーン（場面）
休日の比較的のんびりした時間帯に洗面器にたっぷりいれた炭酸水にただひたすら顔をうずめる

ドライバー（源泉要因）
肌がシュワシュワした炭酸で刺激され

エモーション（感情）
毛穴の奥の奥からきれいになり美白になれた感じがしてあ！いい女と思えてくる

バックグラウンド（背景要因）
高価な美容法より、身近なものを活用して美しくなれる方が好き

いる人へのインタビューなども行います。

なお、海外の新奇事象も、日本でのオポチュニティ発見に有効です。

収集した新奇事象は、インサイトの4要素の情報を整理し、ひと目で分かるようなタイトルをつけます。ひとつの事象を1シートにまとめ、カード形式で扱えるようにすると、その後の作業にも活用しやすくなります。（図3－8）

「買わない理由」で説明したように、新奇事象の価値を明らかにした後に、その価値と比較して現状のカテゴリーや商品・ブランドにどのような不満や未充足欲求が感じられるかをひもとけば、その不満や未充足を解消するアイデアを導くことができます。

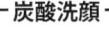

図3-9　新奇事象の価値から不満をひもとく

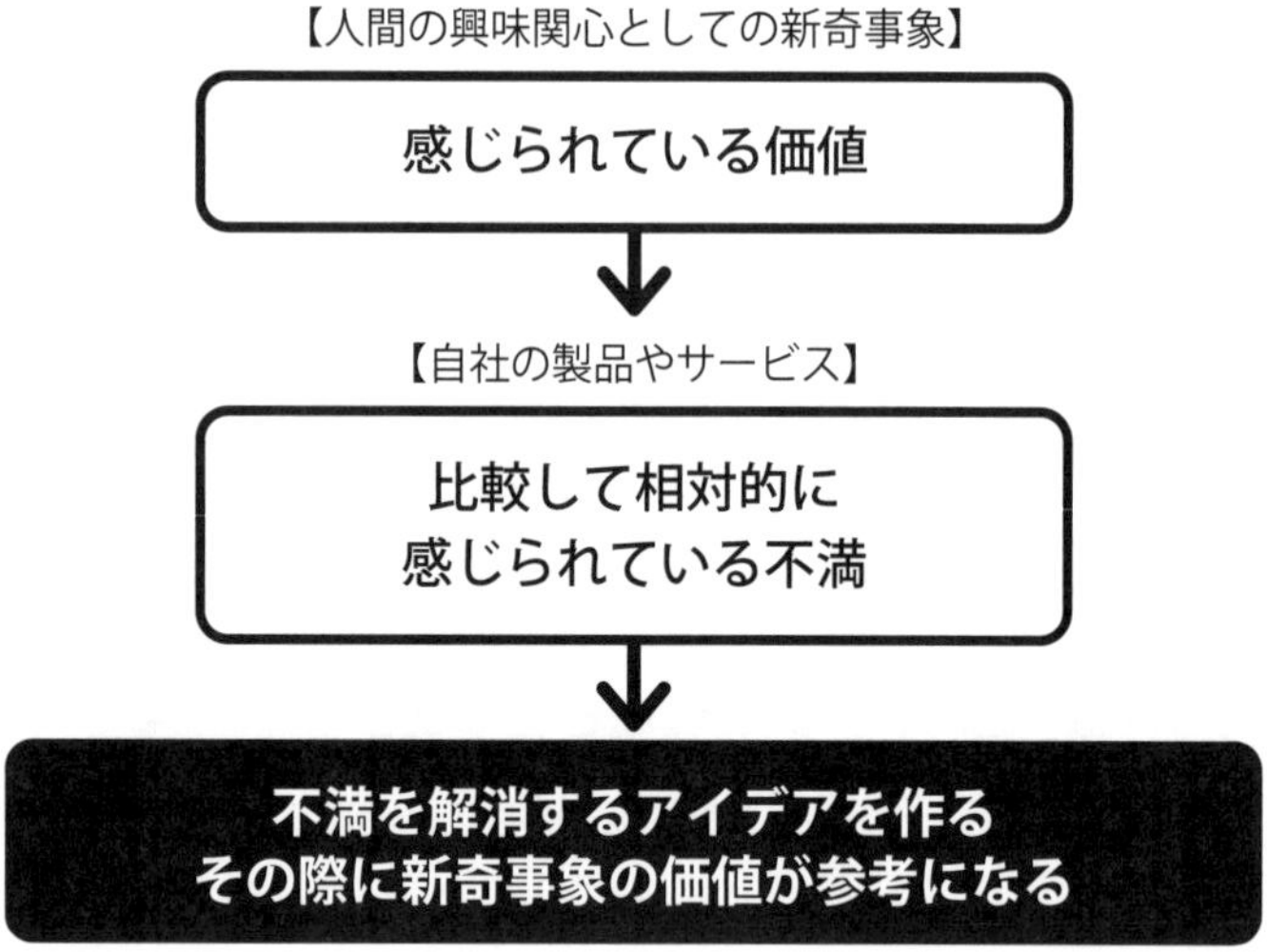
【人間の興味関心としての新奇事象】
感じられている価値
【自社の製品やサービス】
比較して相対的に
感じられている不満
不満を解消するアイデアを作る
その際に新奇事象の価値が参考になる

「人間を見に行く」というアプローチを用いることで、真正面から当該カテゴリーやブランドに関するリサーチを行うだけでは得られない、隠れた不満や未充足欲求を発見できます。（図3－9）

04

“人間を見に行く”ための道しるべ

「人間を見に行く」ふたつの道しるべ

インサイトを起点に考えるプロジェクトを進めていく上で、最初に考えなければならないのが「リサーチデザイン」（リサーチの目的を明確にして、その目的に最適化した実際のリサーチの手法や進め方を考えること）です。

何に関する、どんなインサイトがわかれば、イノベーションにつながる新しいアイデアが得られるのかを考えるのが、最初のステップになります。

ここでもう一度思い出していただきたいのが、「人間を見に行く」という考え方です。有望なヒントは、「人間」の中にしかありません。

図3-10　「人間を見に行く」ための「道しるべ」

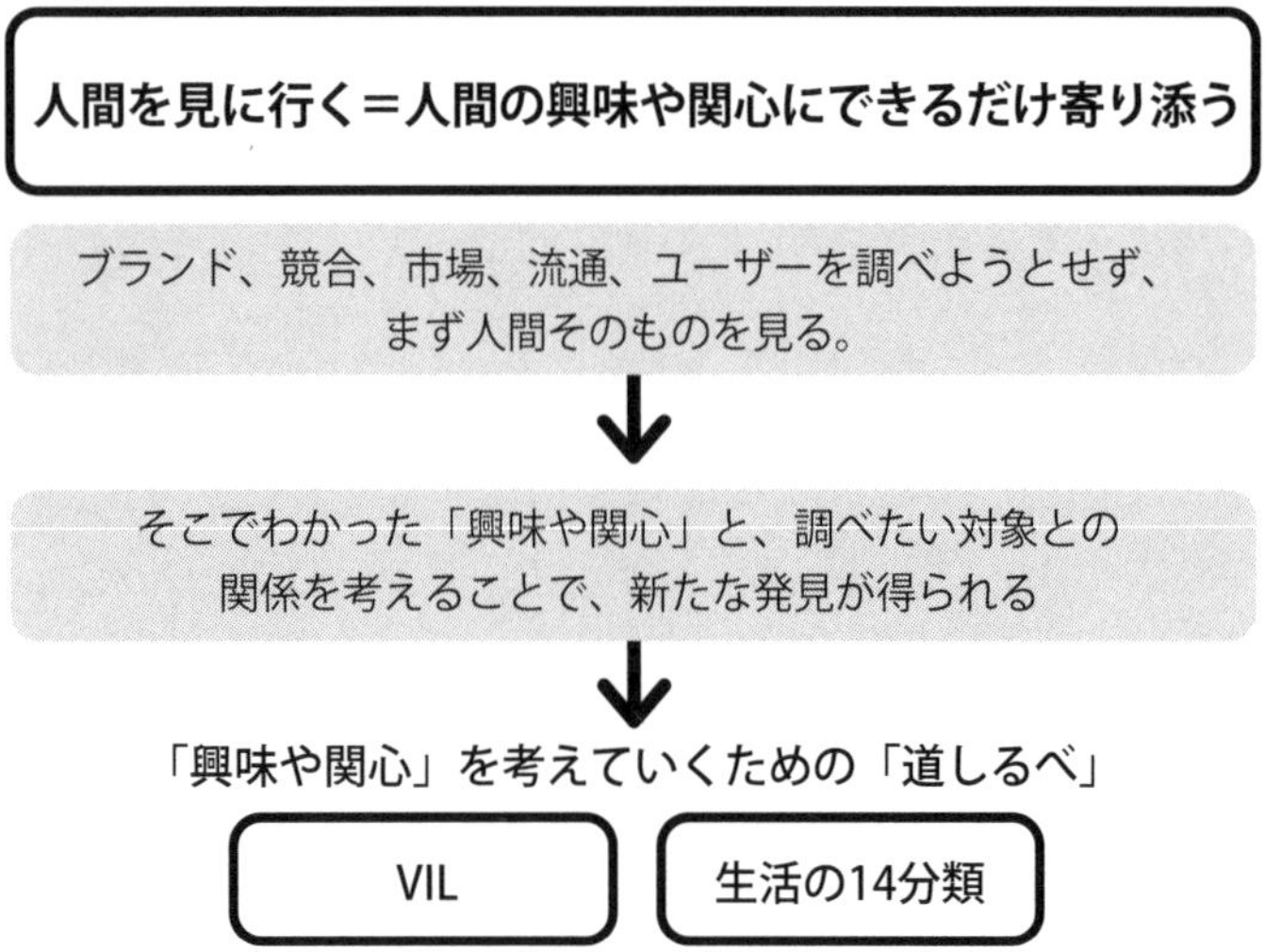

人間を見に行く＝人間の興味や関心にできるだけ寄り添う
ブランド、競合、市場、流通、ユーザーを調べようとせず、
まず人間そのものを見る。
そこでわかった「興味や関心」と、調べたい対象との
関係を考えることで、新たな発見が得られる
「興味や関心」を考えていくための「道しるべ」
VIL
生活の14分類

プロジェクトの主題が、ブランドや商品・サービスであったとしても、そこでブランド、競合、市場、流通、ユーザーといったテーマを調べてしまうと、既存の延長線上にとどまる「狭い世界」の次元の情報しか得られません。

送り手が考えている以上に、人はブランドや競合といったものへの興味が薄いのです。そうではなく、まず人間そのものを見ようと意識するべきなのです。

「人間を見に行く」をもう少し噛み砕いていうと、「人の興味や関心に寄り添う」ことを意識することです。

インサイトを調べたい対象であるその人が、興味・関心を持っているテーマ。そこに寄り添い、焦点を合わせて考えることです。

その関心と、自分たちが知りたい対象の関係を考えると、これまでにない発見につながる糸口を得ることができます。

しかし、「人間を見に行く」というだけでは、漠然としすぎてどうすればいいのかわからない方も多いでしょう。「興味や関心」といっても、具体的には何をどのように考えていけばよいのでしょうか。

そこで必要なのは、人間を見に行くためのガイドライン＝「道しるべ」です。「道しるべ」には、次のふたつのアプローチがあります。（図3－10）

①ＶＩＬ
②生活の14分類

順に説明していきましょう。

アプローチ① VIL

ひとつ目の道しるべである「VIL」とは、人間を見るためのテーマ設定の3つの観点「Value」「Issue」「Layer」を、そのアルファベットの頭文字をとってまとめたものです。

「Value」は、ブランドやカテゴリーから離れて、知りたい対象の価値やポジショニングから考えます。たとえば、ある車ブランドが提供している価値が「日本の良さを感じさせる」であったとします。その場合、車以外でターゲットが最近気に入っている「日本の良さを感じさせる」ものごとが何なのか、そして、それに感じられている価値がどのようなものなのか、を調べます。そして、そこで感じられている価値から、ブランドやカテゴリーの不満や未充足欲求を調べる、といった考え方が、「Value」です。ブランドの価値を再検証したり、問題がどこにあるかを探ったりする際に有効なやり方です。

「Issue」は、知りたい対象が抱える問題や狙いたいことから見る、という観点です。問題が顕在化している場合や、プロジェクトのミッションがすでに明確になっていて「こ

図3-11　「VIL」とは？

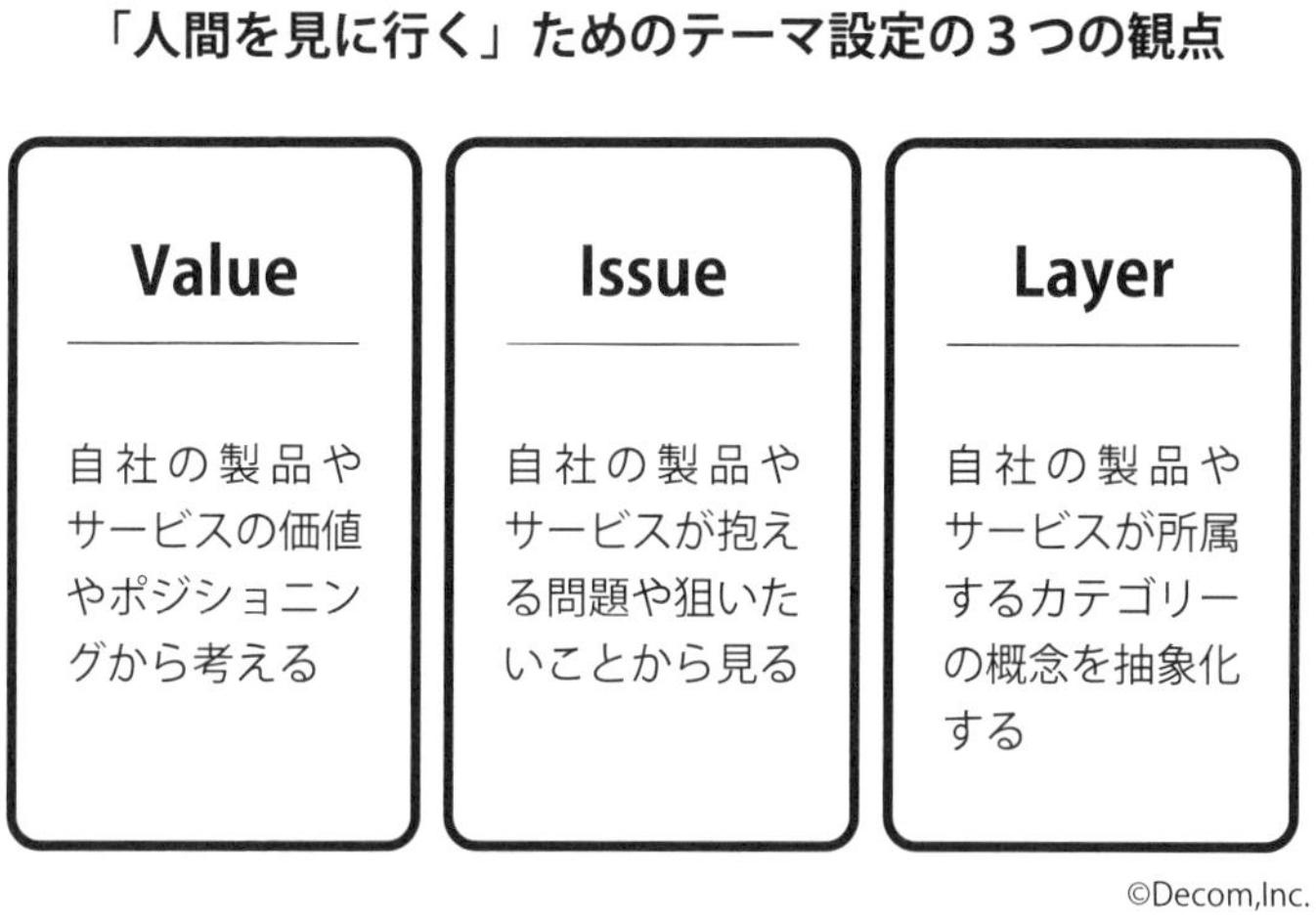

「人間を見に行く」ためのテーマ設定の3つの観点

Value	Issue	Layer
自社の製品やサービスの価値やポジショニングから考える	自社の製品やサービスが抱える問題や狙いたいことから見る	自社の製品やサービスが所属するカテゴリーの概念を抽象化する

©Decom,Inc.

れを知りたい」というテーマが浮かび上がってきている時に、その問題から掘り下げていく方法です。たとえば、先に説明した若者のクルマ離れに関して知りたい、という時に、クルマについて聞くのではなく、クルマ離れに関係する「若者の外出回数の減少」という問題に着目し、そこから「家で過ごすこと」に感じられている価値を調べます。そして、その価値から、クルマに関する不満や未充足欲求を調べるというやり方です。

「Ｌａｙｅｒ」は、知りたい対象が所属するカテゴリーの概念を抽象化して調べる方法です。知りたい対象が、関心が薄い、関与が低いなどの理由からそのまま調べることが難しいと考えられる時、その対象の概念を抽象化することでインサイトを調べやすくなります。たとえば、先に挙げた幼児向け教材の例が該当します。幼児向け教材について知りたいが、母親の幼児向け教材への関心が低い、という時に、幼児向け教材の概念を抽象化した「育児」について調べ、そこで感じられている価値から、幼児向け教材に関する不満をひもとくことができるのです。また、「肌」ではなく「顔」という概念に抽象化して調べた男性スキンケアの事例もこちらに該当します。

このように、本来知りたい対象からの「概念の抽象度」を上げれば、「一人の男性として」「生活全般に対して」といったように、非常に高い次元から見た時の心理も探れます。このような心理と、ブランドや商品に感じる心理とのギャップから発見をすることもできます。

「VIL」の3つの方法の中でどれを選択すべきかは、掘り下げるテーマと置かれている状況によって決まります。

アプローチ② 生活の14分類

ふたつ目の道しるべである「生活の14分類」とは、生活に関連するカテゴリーを14に分

図3-12　「生活の14分類」とは？

**生活に関連するカテゴリーを
14に分類したもの**

**「人間を見に行く」
観点になる**

1	美容・ファッション	スキンケア、ヘアメイク、メーキャップ、おしゃれ・身だしなみ、など
2	健康・ヘルスケア・医療	健康管理、フィットネス、ヨガ、トレーニング、マッサージ、など
3	遊び・エンターテイメント	余暇、趣味、スポーツ、音楽、ショッピング、旅行・観光、季節行事、など
4	買い物・買い方	ショッピング（店舗、オンライン、通販、直売など）、オークション、フリマ、など
5	仕事・働き方	ワークスタイル、スキルアップ、キャリアアップ、就職・転職、など
6	IT・メディア・コンテンツ	デジタルライフ、テクノロジー、スマートフォン、SNS、ゲーム、家電、など
7	家事・家族ケア	洗濯、掃除、片付け、家計管理、子育て、介護、ペットの世話、など
8	恋愛・友人関係	コミュニケーション、部活・サークル活動、コミュニティ交流、など
9	食べること・飲むこと	食事、自炊、間食、外食、喫茶、カフェ、飲茶、バー、飲酒、など
10	学び・教育	勉強、習い事、資格取得、受験、留学、研究、生涯学習、など
11	住まい・住まい方	インテリア、家具・家財、ガーデニング、リフォーム、引越、移住、など
12	マネー・ライフプラン	金融・保険、将来設計、資産運用、貯蓄、保険、節税、など
13	モビリティ	車・鉄道などの移動、通勤・通学、お出かけ、など
14	社会活動	エコ活動、地域活動、ボランティア活動、文化活動、NPO活動、など

類したもので、「人間を見に行く」観点となります。

分類の内容は図3－12の通りです。「人間を見に行く」ことを考える際に、人間の生活におけるどの領域に焦点を当てればよいか、を考えるガイドラインになります。

具体的に「生活の14分類」は次のように使います。たとえば、自分が「飲料」のアイデアを開発すると仮定します。そのアイデアを考える際に、「何が変われば、人々の飲料に対する態度が変わるか」を知ろうとする時に、この14分類がガイドになるのです。

飲料であれば「食べること・飲むこと」がまさにその市場です。しかし、「人間を見に行く」場合には、飲料に影響を与える他のカテゴリーを探します。例えば「美容・ファッション」に変化があれば、飲料に関する意識や行動は影響を受けそうです。また、「健康・ヘルスケア」や「仕事・働き方」の変化も飲料の意識や行動に影響を与えそうです。一方「IT・メディア・コンテンツ」や「マネー・ライフプラン」の変化は、飲料にはそれほど影響を与えないと考えられます。従って、飲料の場合は、人間を見に行くなら「美容・ファッション」「健康・ヘルスケア」「仕事・働き方」について調べるのがよい、といった具合に道しるべとして活用することができるのです。

第3章のまとめ

- 「人間を見に行く」ことから始めれば、ブランドや競合にとらわれないイノベーションを生み出せる。
- ある商品が売れていない理由を知りたい時、「買わない理由」を消費者に直接聞くのではなく、「その人の興味や関心ごと」の価値を聞き、その価値と比較することで「買わない理由」を明らかにすることができる。
- 「新奇事象」は普通の人が行っているちょっと変わった事象。ここから消費者が求めていることの「芽」を理解できるので、新しいアイデアを見出したり、新たな市場の機会を発見したりすることができる。
- 「人間を見に行く」ということは、人間の興味や関心に寄り添うこと。人間を見に行くには、テーマ設定の3つの観点「VIL」や、生活に関連するカテゴリーを分類した「生活の14分類」といった道しるべを活用する。「VIL」の3つの観点とは、価値やポジショニングから考える「Value」、問題や狙いたいことから見る「Issue」、カテゴリーの概念を抽象化する「Layer」。

第4章

成熟市場における ビジネス機会の見つけ方

01

6つのフェーズで構成されるプロジェクトの工程

インサイトは現状を打開するための有効な手段

インサイトについて、「有効性はわかるが、どのように使っていくのかがわからない」と感じている読者の方も多いでしょう。それが見えてこないことで、実際のビジネスの中にインサイトを導入できない、難しそうだ、という方もいらっしゃると思います。

そのために、もう一度インサイトを使うメリットを確認したいと思います。

インサイトの考え方は、アイデアを創り出す時にもっとも力を発揮します。

成熟化が進み、「欲しい」という気持ちが見えにくい時代において、その現状を打開するアイデアを見つける手段となるのが、インサイトです。

現状を打開する新たな製品や事業を生み出したい。売れ行きが思うように伸びず、行き詰まりを感じさせるブランドを再生させたい。そのために、イノベーションにつながるアイデアを手にしたい時、インサイトはもっとも力を発揮します。

建前だけの意見や通り一遍の分析ではわからない、「人が動く」ことにつながる隠れた心理に着目するからこそ、現状の打開につながるのです。

6つのプロセスに分類できる

では、インサイトを起点として進める場合の、プロジェクトの工程について説明していきましょう。それぞれのフェーズに対応するメソッドやこれまで説明してきた考え方のフレームワークを、図４－１に整理しています。

①オポチュニティ発見
②インサイトリサーチ
③アイデア開発
④プロトタイピング

⑤ローンチ
⑥トラッキング

①の「オポチュニティ発見」は、ビジネスを進めていく上で市場のどこに機会があるか、を見つけていくことです。

開発したいテーマについて、いきなりやみくもにインサイトを調査するのではなく、最初に「どこに可能性があるのか？」を明らかにするのがこのフェーズです。それを踏まえた上で、それはなぜか、そこにアプローチしていくためにはどうすればいいのかを考えることが、確度の高いアイデアを深く、そして数多く得ていくために有効なのです。

では、その可能性探索をどうやって行えばよいのかについては、この後具体的に紹介していきます。

②の「インサイトリサーチ」では、先のオポチュニティ発見を踏まえた上で、ターゲットとなる人のインサイトを明らかにします。

先に述べた「なぜか？」「アプローチするにはどうすればよいか？」を知るために、リサーチを行います。

図4-1　インサイト起点によるプロジェクトの工程

開発フェーズ	A.メソッド	B.フレームワーク
① Opportunity オポチュニティ発見 市場におけるビジネス機会を発見し、探索する対象を抽出する	●新奇事象リサーチ ●スペースファインダー ●Webアクチュアルデータ分析 ●玉度《ぎょくど》	●VIL ●生活の14分類 ●買わない理由の法則
② Insight インサイトリサーチ 見つけた機会において、人を動かす隠れた心理を探る	●ビジュアル刺激法 ●文章完成法 ●行動観察 ●ソーシャルリスニング ●コミュニティリサーチ	●インサイト3分類（価値・不満・未充足欲求） ●インサイト4要素 シーン（場面） ドライバー（源泉要因） エモーション（感情） バックグラウンド（背景要因） ●デビルインサイト・エンジェルインサイト
③ Ideation アイデア開発 インサイトに基づき、機会を捉えたアイデアを開発する	●ワークショップ ●ひとこと化 ●インサイトマンガ ●技術カード	●キーインサイト・バリュープロポジション ●既存路線・新路線 ●イノベーションの破壊系・ズラシ系
④ Prototyping プロトタイピング アイデアを試作し開発する	●インサイト検証リサーチ ●プロトタイピング	
⑤ Launch ローンチ 市場に導入する		
⑥ Tracking トラッキング 消費者の反応を追跡する	●さまざまな指標に基づくトラッキング（売上、態度変容スコア、ユーザー数、等）	

©Decom,Inc.

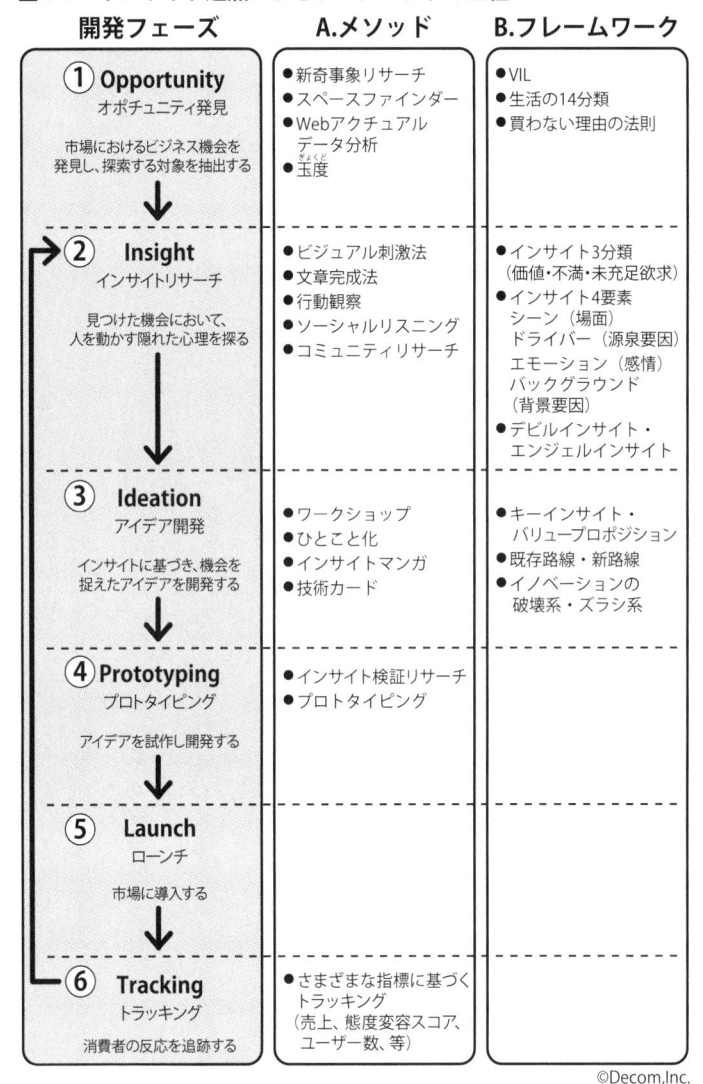

リサーチは、いわゆるアンケート調査やインタビューだけに限りません。探索したい課題によって、また条件によってもっとも適した手法を選択します。こちらは次の章で詳しく説明していきます。

③の「アイデア開発」は、②のインサイトリサーチで得た材料を用いて、機会を捉えたアイデアを創っていく段階になります。

プロジェクトメンバーの参加によるワークショップ形式で行うことを基本としています。単にブレストや会議で行うのではなく、オポチュニティ発見→インサイトの発見という果実を用いて、有益なアイデアを確実に得られるように、さまざまな工夫を凝らして行うことが重要です。こちらは第6章で説明していきます。

④の「プロトタイピング」は、得たアイデアを試作し評価することです。得たアイデアを一般の消費者にも理解できるレベルまでわかりやすくプロトタイプ（ユーザーが何らかの体験ができる試作）として作り上げ、それを調査にかけます。プロトタイプのレベルはそのプロジェクトによって異なり、テキストやビジュアルを用いたもの、モックアップ（模型）や試作品などを製作します。

その後⑤「ローンチ」＝発売し、⑥「トラッキング」として反応を追跡、対応すべき部分を確認して修正・改善していきます。市場導入後も②のインサイトリサーチを再度行うことで、修正・改善が必要な課題を見出し、再度アイデア開発へと進みます。

02

インサイトリサーチの前に必要なオポチュニティ発見

図4-1の①

「オポチュニティ発見」とインサイト

図4－1のプロセスの①に置いた「オポチュニティ発見」について、詳しく説明しましょう。

オポチュニティとは一般に「機会」と訳されますが、ここでの意味は少し限定して規定されます。「自社のビジネス（カテゴリーやブランド）で解決できそうな、消費者が潜在的に感じている問題」がここでいうオポチュニティの意味になります。

従って、どんな問題があるか、がわかるのですが、それだけではその問題をどうやって解決すればいいか、その方法まではわかりません。

そこで、次に必要なのがインサイトリサーチになります。潜在的な問題と感じているこ

図4-2　オポチュニティ発見・インサイトリサーチ・アイデア開発の関係

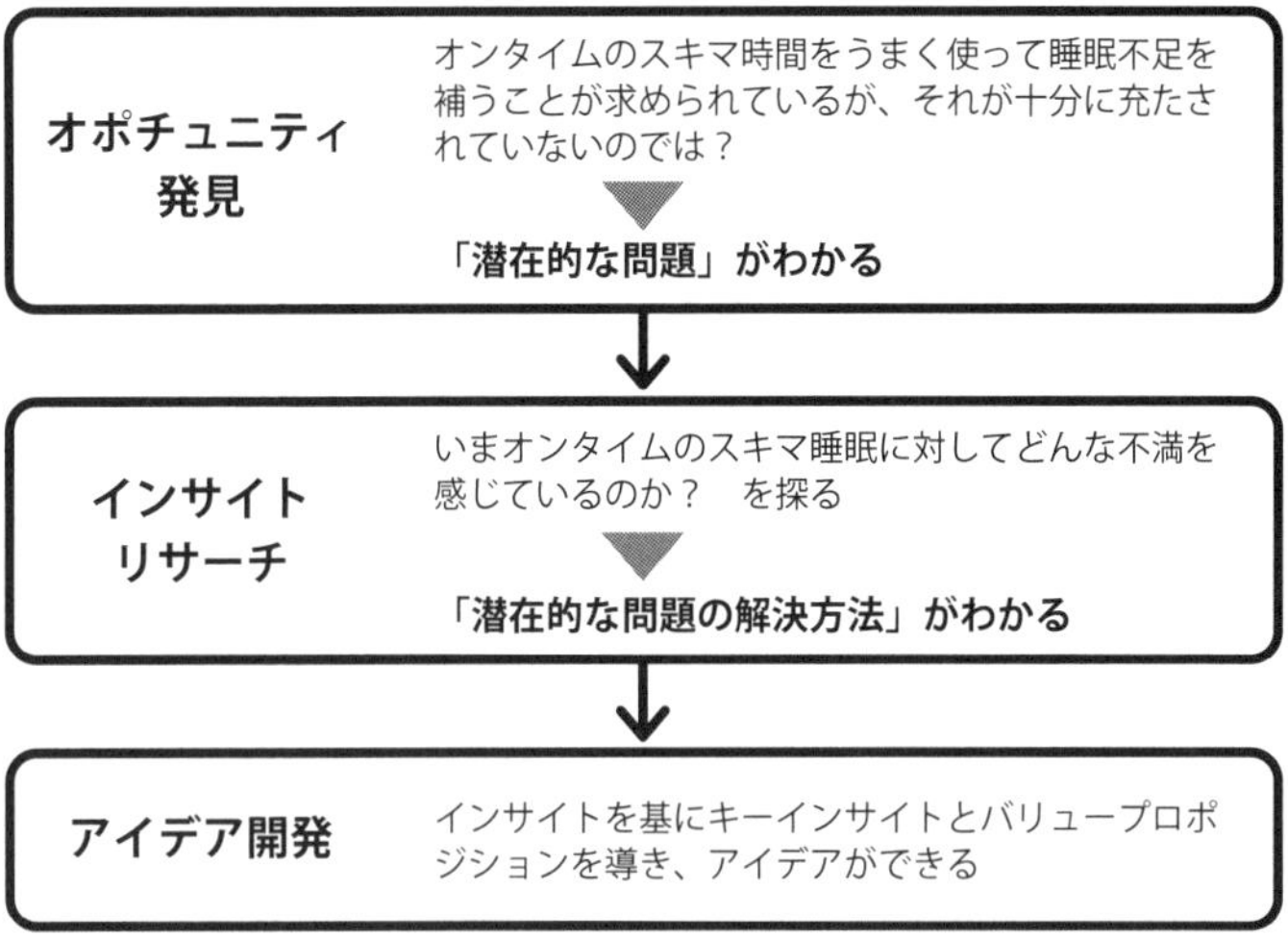

とは、具体的にどのような不満や欲求なのか。それをインサイトの4要素・3分類で表に出てきていない無意識の部分まで掘り下げることで、その解決方法が見えてきます。

不満や未充足欲求のインサイトがどのように形作られているのか、すなわちインサイトの4要素「シーン（場面）」「ドライバー（源泉要因）」「エモーション（感情）」「バックグラウンド（背景要因）」を明らかにします。

これにより、不満や欲求をどうやって解消したり充たしたりすればよいのかがわかり、それを充たす価値提案＝バリュープロポジションと、具体的なアイデアができます。

例で説明しましょう。「睡眠」に関するアイデア開発がテーマです。（図4－2）

最近「オフィスでの短時間の昼寝」が注目されています。ここから、「オンタイムのスキマ時間をうまく使って睡眠不足を補うことが求められているが、それが十分に充たされていないのでは?」という欲求に着目するのが「オポチュニティ発見」になります。

このオポチュニティに対して、「いまオンタイムのスキマ睡眠に対してどんな不満を感じているのか?」を探るのが「インサイトリサーチ」になります。そして、そのリサーチの結果から、その不満を解消するためのアイデアを作るのが「アイデア開発」です。

ぱっと見えないインサイトを明らかにして、それを活かしてプロジェクトを進めていくことはもちろん重要です。それと同時に、成果につながるアイデアを確度高く、できるだけ回り道せずに開発するということも、ビジネスであるがゆえに重要です。

そのための手順としてオポチュニティ発見というステップを経ることを、私たちは重視しています。与えられているテーマが広い領域を扱っていたり、課題設定の自由度が高い場合には、特に重要と考えます。

このように、まずオポチュニティ発見を行い、次にインサイトリサーチによるアイデア開発を進めます。

03

オポチュニティ発見のメソッド

図 4-1の
①-A

強制発想法を用いたオポチュニティの見つけ方「スペースファインダー」

このオポチュニティを発見するための方法として、現在私たちが用いているのが「スペースファインダー」です。少人数でのワークショップスタイルで、オポチュニティを数多く発見することができます。（図４-３）

以下の要領で進めます。

まず、第3章の「人間を見に行く」で説明した「新奇事象リサーチ」により、数多くの事象を収集します。その事象を大きく二分する軸を作り、たくさん書き出します。たとえばターゲット（「若者↕高齢者」）、シーン（「日中↕夜間」）、感情（「ストイック↕快楽」）、

図4-3　スペースファインダーの進め方

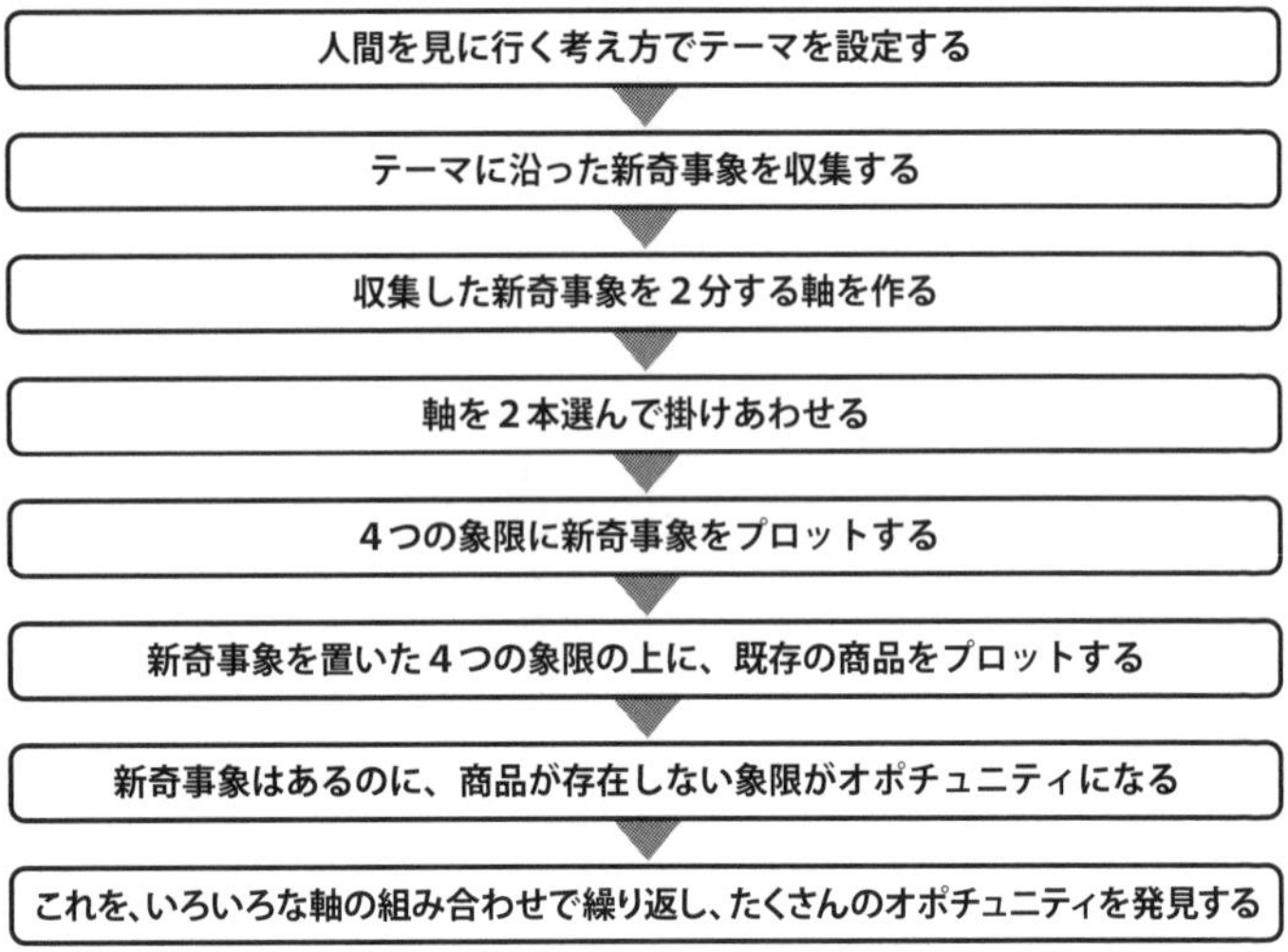
人間を見に行く考え方でテーマを設定する
テーマに沿った新奇事象を収集する
収集した新奇事象を２分する軸を作る
軸を２本選んで掛けあわせる
４つの象限に新奇事象をプロットする
新奇事象を置いた４つの象限の上に、既存の商品をプロットする
新奇事象はあるのに、商品が存在しない象限がオポチュニティになる
これを、いろいろな軸の組み合わせで繰り返し、たくさんのオポチュニティを発見する

物性・五感（「温かい↕冷たい」）などです。

その軸を2本選んで掛けあわせます。この時、軸はランダムにピックアップします。そして、できあがった4つの象限に、収集した新奇事象をプロットしていきます。

その後、今、並べている軸と新奇事象の上に、既存の商品を置いていきます。

そこで、新奇事象はあるのに、商品が存在しない象限があれば、そこがオポチュニティです。（図4―4）

これを、いろいろな軸の組み合わせで強制的に繰り返すことで、たくさんのオポチュニティを発見することができます。

たとえばですが、100の新奇事象を集め、その新奇事象の分析を行う10～20の軸を出します。

図4-4　オポチュニティを見つける

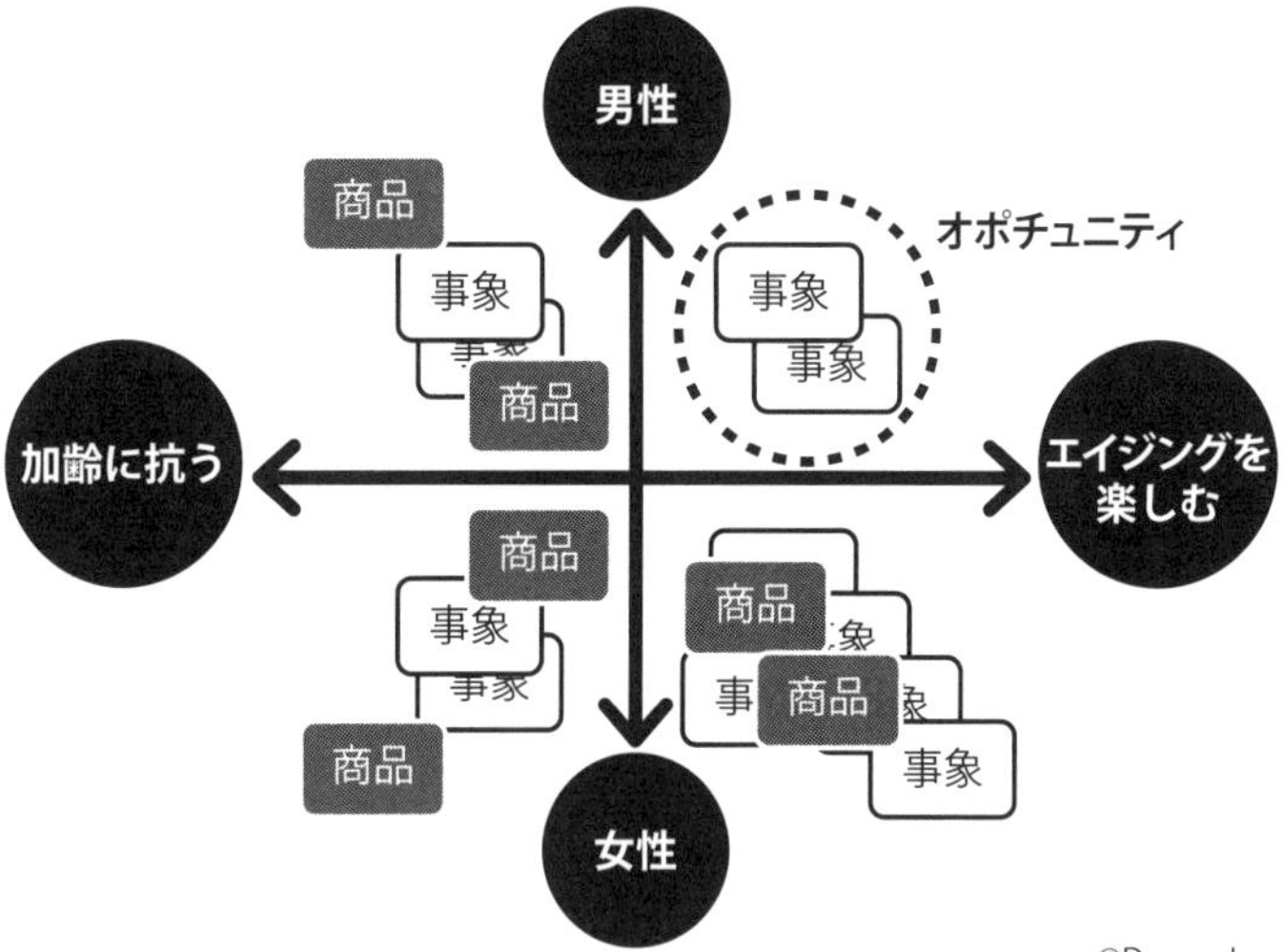

事例
白髪まじりの黒髪を銀髪に見せるワックス

白髪を隠さず、逆に「全体を銀髪にして大人のおしゃれを楽しむ」ための男性向けヘアワックスが話題になっています。

このヒットの背景を考察すると、以下のような構図が浮かび上がります。

これまでの市場の中心であった「アンチエイジング＝加齢に抗う」に対して、「エイジングをポジティブに楽しむ」というオポチュニティをとらえた商品、ということです。

２軸を使ったマップで考えると、図４－４のようになり、「エイジングを楽しむ×男性」という領域に、オポチュニティがあったのです。

「Ｗｅｂアクチュアルデータ分析」によるオポチュニティ発見

もうひとつのオポチュニティ発見の手法が、「Ｗｅｂアクチュアルデータ分析」です。検索、Ｗｅｂの閲覧、ネットショッピングをはじめ、インターネット上での消費者の各種の行動は膨大なデータとして存在しており、これを分析するツールやサービスも提供されています。

こういった消費者のネット上での膨大な行動事実データを解析し、マーケットの現状や今後の動向を可視化・構造化することで、ターゲットセグメンテーションや需要予測、商品開発のヒントなど、さまざまな仮説を立てることができるようになりました。

このような、いわゆるビッグデータの解析から、オポチュニティを発見することができます。

事例 「Google Trends」によるオポチュニティ発見

Google の検索データは「Google Trends」から活用可能であり、オポチュニティの発見

図 4-5　Google Trends の画面

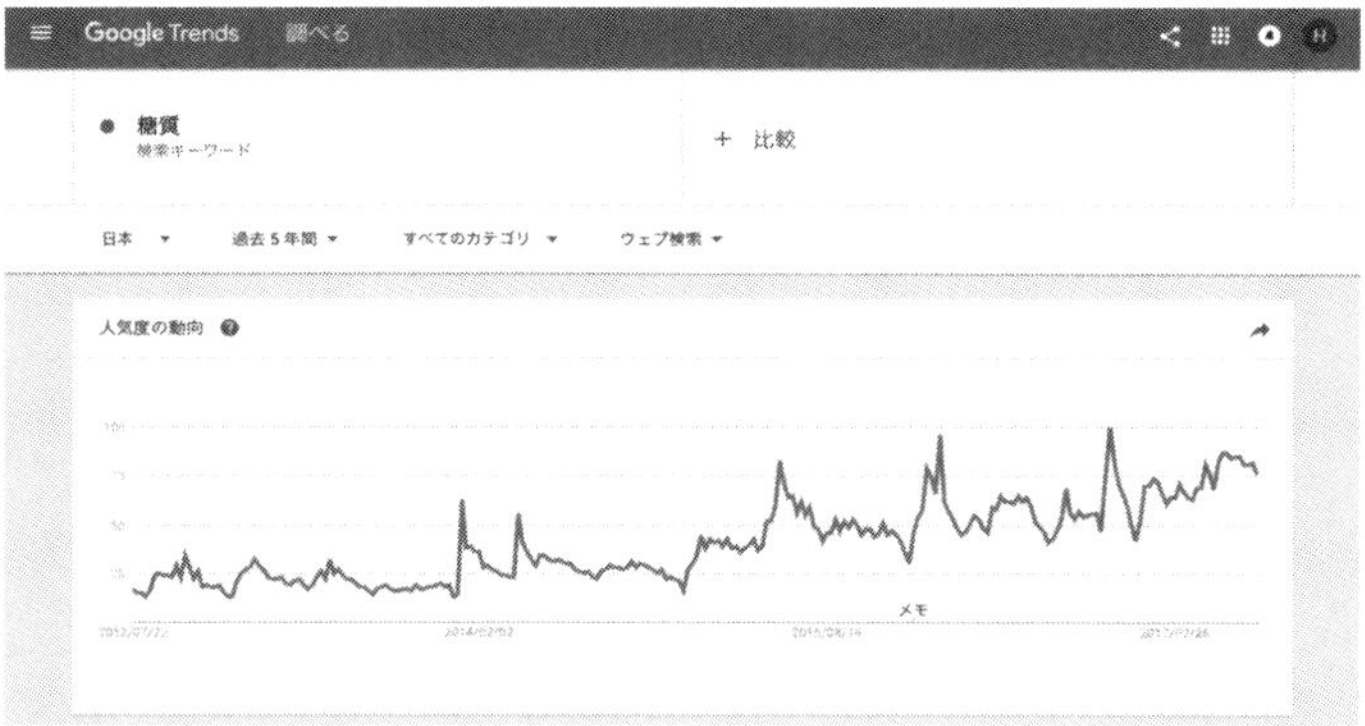

に活かすことができます。

たとえば、「糖質」というキーワードで過去5年間のデータを見ると、図4－5のようにアップトレンドになっていることが明確にわかります。従って、日本人は、この5年間で糖質に関する興味が高まっていると言えます。ここから、発生している隠れた問題がないか、他のキーワードとの比較などを用いて探ることができます。

たとえば、同時に検索されている単語が「関連キーワード」のランキングでわかります。そこで、「糖質」と「パン」が上位に上がっていることを手がかりに、オポチュニティを明らかにしていくといったことが考えられます。

オポチュニティも玉石混淆。「玉」を見つけるには「玉度《ぎょくど》モデル」

このようにオポチュニティを探していくと、「そのオポチュニティの潜在力を見極めたい」ということが問題になってきます。

「玉石混淆」という言葉があります。目の前にあるオポチュニティの中には「玉」もあれば「石」もあるかもしれない、というのが、数多くのオポチュニティを発見した直後の状態です。今後の作業を進めて行く上で、「玉」＝価値あるものがどれなのか、を見極めて抽出したい。これができれば、成功する可能性を高められることになりますから、そのような要求が出てくるのも当然です。

この問題を解決するのが、私たちが開発した「玉度」というモデルです。

「玉度」は、着目すべきか、着目に値しないかがわからない玉石混淆の状態の中から、「玉」を見つける定量スコアです。

玉度は次のように表現されます。

【玉度をはかる方法】

Y（玉度）＝X_1（魅力度）×X_2（未充足度）

・Y：玉度

・X_1：魅力度（1〜5の値）魅力に感じるか？

・X_2：未充足度（1〜5の値）当該カテゴリーで一般に広く売られている商品やサービスでそのことは十分に充たされていると思うか？

【調査方法】

・Webリサーチ

・調べたいオポチュニティを文章で提示し、魅力度と未充足度を一般生活者に評価してもらう

この結果に基づき、次のように使います。

・玉度が高いオポチュニティに着目して、アイデアを生み出す

図4-6　「玉度」の評価

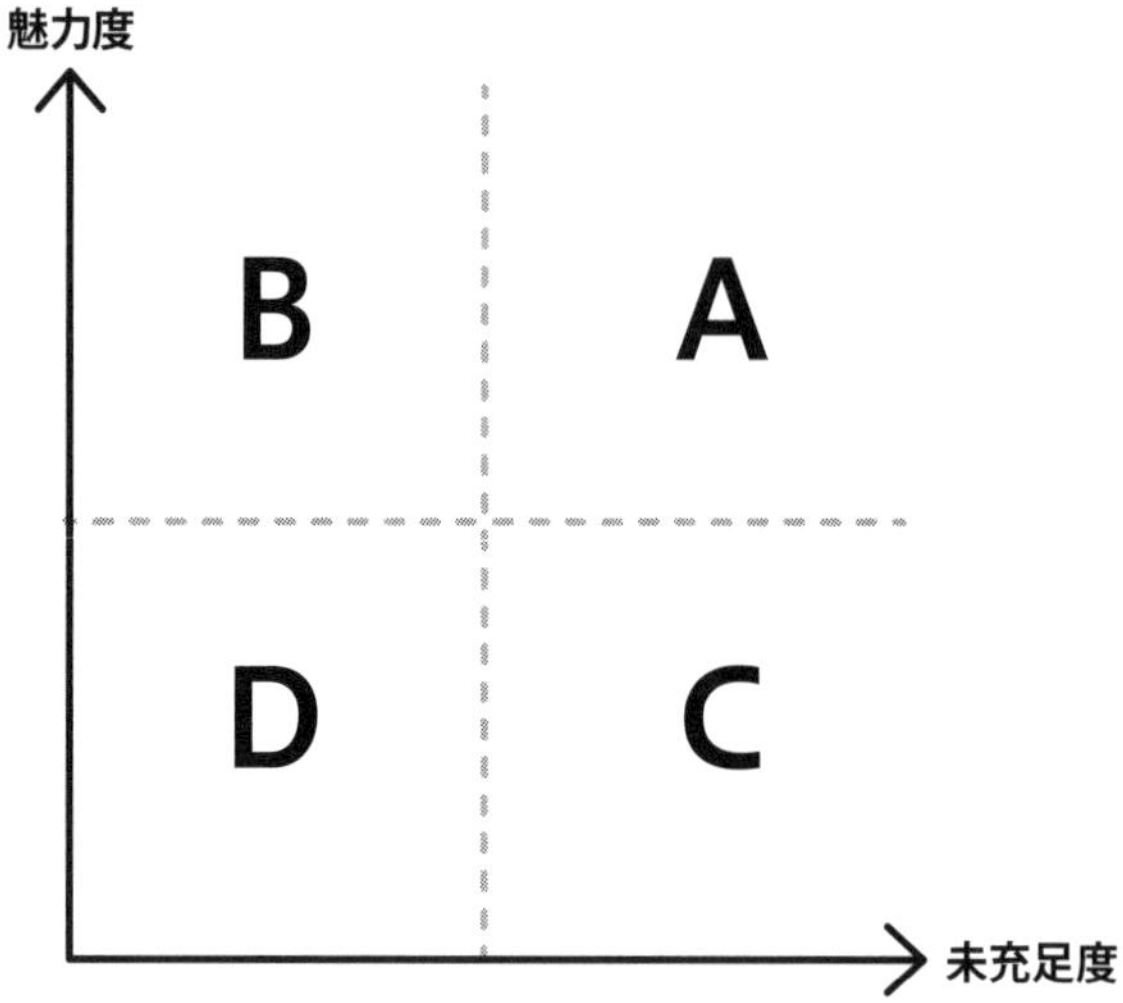

・4象限に分けて、扱いを考える

A：すぐ狙おう

B：既存プロダクトとうまく差別化できたら狙おう

C：魅力度が高い特定のセグメントを探し出し、一定のボリュームが確認できたら狙おう

D：無視しよう＝石

玉度という指標でオポチュニティのパワーを定量的に計測することで、冒頭の課題を解決し、新奇事象という有益なアプローチを安心して採り入れることができます。

こうして、狙うべきオポチュニティが明らかになりました。ここからは、目星をつけたオポチュニティで、どのようにその問題を解決していけばよいのかを、インサイトリサーチによって明らかにするフェーズに入っていきます。

なお、コミュニケーションのアイデアを出すプロジェクト等で、あらかじめ課題やリサーチの対象が明確になっている場合には、このようなオポチュニティ探索のフェーズは割愛することができます。

第４章のまとめ

- 「オポチュニティ」は、自社のビジネスで解決できそうな、消費者が潜在的に感じている問題のこと。これを発見することがプロジェクトの起点になる。この問題を解決する手がかりを得るために、リサーチでインサイトを明らかにする。

- オポチュニティを発見するには、新奇事象を活用するセッションである「スペースファインダー」や、ネット上に蓄積された行動履歴などの膨大な情報を解析する「Ｗｅｂアクチュアルデータ分析」といったメソッドを用いる。

- 発見したオポチュニティは玉石混淆の状態。その中から価値のあるものを選ぶには、「玉度」という指標を用いる。魅力度と未充足度というふたつの評価軸で判断する。

第5章

インサイトを発掘する方法

01

インサイトを明らかにする方法

図4-1の②-A

意識の下に隠れている「無意識」へのアプローチ

インサイトとは何か、インサイトを活用する利点は何かといったことをここまで説明してきました。では、そのインサイトを明らかにするには、どうすればよいか？ がこの章のテーマです。

インサイトは無意識のものですから、頭の中で考えて推測しているだけではなかなかわかるものではありません。単なる当てずっぽうの推測のレベルにとどまるのが関の山です。そして、なんとなくアンケートやインタビューをしただけで、答えが出てくるというものでもありません。想像してすぐに理解できたり、聞かれてすぐに答えが出てきたりするレベルのものであれば、それはすでに意識化されている表層的な気持ちや意見です。その人にとっての建前であったり、本音のように見せかけた自分を守るための嘘が入っていたりする、「インサイトのように見えるもの」に過ぎないのです。

インサイトを明らかにする行為は、意識の下に隠れている無意識にアプローチしようとすることです。したがって、「発掘する」や「探り出す」という言葉がしっくりくるような、少々手間のかかる作業が必要と考えてください。

インサイト探索の留意点

インサイトを調べるにはいろいろなアプローチがあります。すでに多くの人に活用されている方法論もあれば、個人が独自に持っているものもあります。しかし、インサイトの探索にあたっては、考慮すべき要素があり、その点に配慮したメソッドやフレームワークが必要です。

前述したように、インサイトは意識の下に隠れているものですから、直接質問しても明らかにすることはできません。調査により得られた結果そのもののデータ（発言や事実）はインサイトではなく、分析を経てインサイトの形になるものです。分析者が洞察し、さらにその洞察した結果とアイデアとを行ったり来たりしながら得られるのがインサイト、

図5-1　インサイト探索の留意点

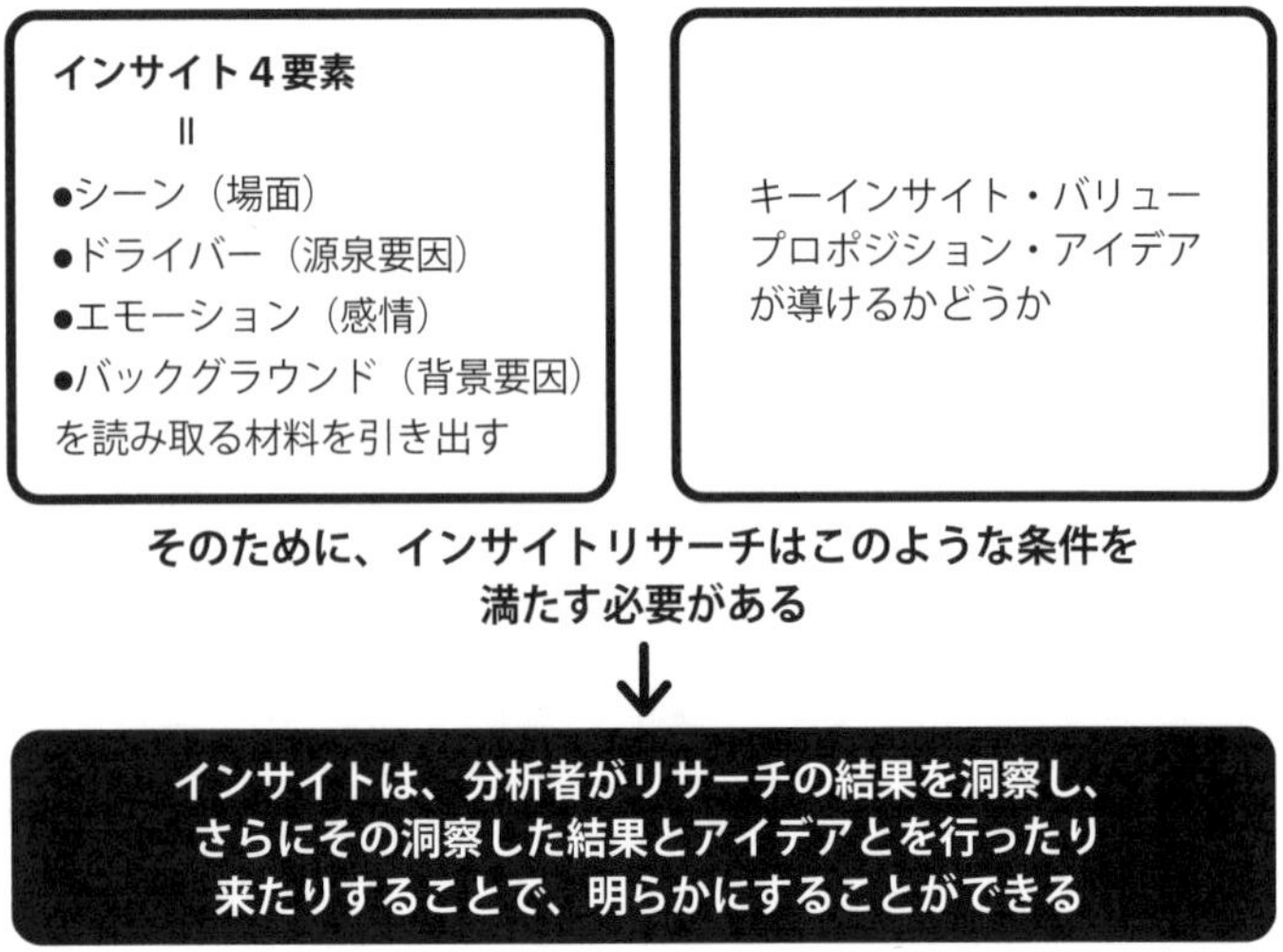
インサイト４要素
＝
●シーン（場面）
●ドライバー（源泉要因）
●エモーション（感情）
●バックグラウンド（背景要因）
を読み取る材料を引き出す
キーインサイト・バリュープロポジション・アイデアが導けるかどうか
そのために、インサイトリサーチはこのような条件を満たす必要がある
インサイトは、分析者がリサーチの結果を洞察し、さらにその洞察した結果とアイデアとを行ったり来たりすることで、明らかにすることができる

という前提で設計されている必要があります。

ここで言う分析とは、インサイト4要素＝シーン（場面）・ドライバー（源泉要因）・エモーション（感情）・バックグラウンド（背景要因）の読み取りと、「アイデアとの行ったり来たり」を指します。4要素の読み取りとは、その因果関係や文脈がどのようになっているかも含みます。また、「アイデアとの行ったり来たり」とは、キーインサイト・バリュープロポジション・アイデアが導けるかどうかの行ったり来たりです。（図5－1）

この分析が確実にできなければなりません。従って、このような分析をすることを前提としてデータを取得する実査を行わなければならないということです。個人の能力や資質に左右されない確かなメソッドを構築しなければなりません。

「考えさせない」ことがもっとも重要

そのような条件をふまえて、インサイト探索で欠かせないポイントとなるのが、「考えさせない」ということです。

無意識の領域にあるインサイトを引き出したい時、人が「考える」ことは邪魔なものです。ここでいう考えとはすなわち「意識」の産物だからです。一般的なアンケートの質問に対する回答などはその最たるもので、「どのように考えているか」「自分がどのような意識を持っているか」を答えているに過ぎないのです。

その人が「意識しないで」行っていること、「意識しないで」話していること、「意識しないで」考えていること、にこそインサイトを読み解く重要なヒントがあります。

そういった「意識していない状態の情報」をどうやって収集するか、がインサイト探索を行う上でもっとも頭を使わなければならないポイントです。その上で、できるだけ多くの情報を、その後の洞察にも使いやすい形のわかりやすい素材として手に入れられるか、を考える必要があります。

インサイトリサーチの手法は「心理学」系と「文化人類学」系の2系統

では、インサイトリサーチの具体的な手法についての説明に入っていきます。

私たちが有効と考えるインサイトリサーチの手法は、大きく分けてふたつのグループに分かれます。

ひとつは、感情（エモーション）からのアプローチです。心理学に基づく手法で、投影法をベースにしたものです（投影法とは、写真や絵など別のものに調査対象者の心理を投影させることで心理を探る手法。人の本心はあいまいなものに表れるという特性を利用している）。写真などのあいまいな投影物を通して感情や五感を引き出し、その感情や五感がどのような事実からもたらされているのか、をひもといていきます。

このアプローチは、対象者が求めている感性を言語化したりビジュアライズしたりすることができるため、感覚・感性が重要なプロダクトやサービスのアイデア開発に向いています。

もうひとつは、人間の行動という客観的な事実（ファクト）を起点として探索を行う文化人類学的な方法論で、エスノグラフィがその核となります。エスノグラフィとは、対象となる人の行動や発言を観察する手法で、直接その人の考えや価値観を質問するのではなく観察によって理解します。エスノグラフィは、元来文化人類学で用いられてきた方法論で、人類学者が異民族の生活や文化、その背景を理解するために、長期間その集団に入って生活することで理解するフィールドワーク的手法でした。質問するのではなく、あくまで観察によって理解を得ようとすることに特徴があります。この方法論がマーケティングリサーチにも転用されるようになりました。

前者の心理学系は感情から事実をひもとく手法であるのに対して、文化人類学系は事実から感情をひもとくインサイトリサーチの手法になります。

それぞれ、私たちが採用している主な手法は次のようなものです。

感情（エモーション）からのアプローチ→心理学系

- ビジュアル刺激法
- 文章完成法

事実（ファクト）からのアプローチ→文化人類学系

・行動観察（エスノグラフィ）
・ソーシャルリスニング
・コミュニティリサーチ（MROC）

インサイト理解のためのデータ収集のパターン「集める」と「集まる」

インサイト探索の手法は、データを「集める」か、データが「集まる」か、という点からも、ふたつのパターンに分けられます。

インターネット環境以前には、生活者の情報を得る場合、いわゆるアンケートやヒアリングによって情報を収集するしかありませんでした。自ら動いてデータを「集める」やり方です。

しかし、ネットが整備され、いわゆる「ビッグデータ」が流通するようになった現状では、たとえば検索行動やSNSへの書き込みといった「集まってくる」データが新たに蓄積されるようになり、解析や読解にそのデータを利用することが可能になってきました。リサーチの世界でいうところの「実査」という概念がない、自然に発生してくるデータであり、分析にこれが活用されるようになってきました。

前者の「集める」データは、リサーチャーを通じて収集する「Active/Asking」という性格を持ちます。リサーチを経由することで、バイアスの可能性が高まります。しかし、データのタイプ・形式としては、構造化されており、かつアドホック（オーダーメイドの単発型）であるため、分析が比較的容易であるという利点もあります。

先に挙げたリサーチ手法の中で、「集める」系に当たるのは、ビジュアル刺激法、文章完成法、行動観察（エスノグラフィ）です。

一方、後者の「集まる」データは、自然な行動や言葉が収集される「Passive/Listening」のパターンであり、こちらには高確率でノイズが含まれることになります。また、非構造化データでありフローデータでもあるため、前者よりも分析が難しいという課題を解決していかねばなりません。

「集まる」系の手法に含まれるのは、ソーシャルリスニングです。また、コミュニティリサーチ（ＭＲＯＣ）は、集める・集まるの両者の要素が含まれます。

図5-2　データ収集のパターン

	Active / Asking 集めるデータ	Passive / Listening 集まるデータ
データの収集	リサーチャーを通じた収集 （バイアスの可能性）	自然な行動や言葉の収集 （ノイズの可能性）
データのタイプ	構造化データ アドホックデータ （分析が比較的容易）	非構造データ フローデータ （分析が難しい）

（萩原雅之氏、資料を基に作成）

「集める」「集まる」の両者は、それぞれに長所短所を持ち合わせており、どちらか一方という選択ではなく使い分けをしていくというのが現実的です。ただ、新たに使えるようになってきた「Passive/Listening」系のデータは、「Active/Asking」系より未開拓の部分がまだ多く、進化や発展が期待できます。具体的には情報のソース、処理方法、分析のスピード、ツール開発等における進化が期待できるといえます。

また、直接ターゲットに聞かないという収集スタイルのほうが、ターゲットに「考えさせない」ことになるので、インサイトを抽出するという意味では理想的です。

02

心理学に基づく感情からのアプローチ

図4-1の②-A

ビジュアル刺激法

写真を用いて無意識にアプローチするビジュアル刺激法

ここからは、それぞれの手法についてもう少し具体的に説明していきましょう。

まず「ビジュアル刺激法」です。これは、私たちがオリジナルで開発したインサイト探索の手法で、過去に受託したプロジェクトの中で、もっとも多く利用してきたものです。

あらかじめ用意した多彩な写真を調査対象者への刺激物として使用します。その写真に調査対象者の気分や五感を投影させることで、無意識にアクセスし、インサイトを読み解く材料を豊富に収集することができる手法です。

写真を使った投影法系の手法としては、一般的には「コラージュ」の手法がよく知られています。しかし、このビジュアル刺激法は、発想の根底の部分からコラージュとは異なるものです。

コラージュ法は、たとえば「ブランドAについて」「あなたの理想のリビングルームのイメージ」といったコラージュ作成のテーマが設定され、そのテーマを対象者が写真を使って表現する、といったスタイルが一般的です。そうすることで、言葉にしづらいブランドのイメージや、調べたい対象に求める理想像、といったものを、写真を通して形にします。「言葉にしづらい」とはいえ、あるテーマについて考えた結果を形にするものであり、写真を用いて、すでに顕在化している意識を見える化することが目的になっています。

リサーチによって得たい結果が「意識」ではなく「無意識」であるならば、コラージュという手法は適していないことがおわかりいただけるでしょう。

また、ビジュアル刺激法には、普通では言葉にしづらい「物性」や人間の「感覚」を言語化できる、という利点もあります。

ビジュアル刺激法の実施方法

ビジュアル刺激法は、１on１のデプス・インタビュー（インタビュアーが調査対象者と一対一で接して質問するインタビュー）、Webリサーチ、モバイル・リサーチ（スマートフォンを利用するWebリサーチ）、CLT（セントラルロケーションテスト。会場に調査対象者を呼んで行う調査）、これらのいずれにおいても実施することができます。基本となるフローは同じで、インサイトを調べたいテーマ、与えられている条件や狙いによって、いずれかの方式を選択します。

Webリサーチは多くの人を対象に、幅広くインサイトを明らかにしたい時、効率的に調査することができます。

一方、デプス・インタビューは、その場で製作過程のプランを見せて反応を聞く、といった対応が可能になります。その対象者や回答に応じて質問を投げかけたい時にも適しています。

モバイル・リサーチは、指定した場面で回答させる、特定の行動をしたらその時あるいは直後に回答させる、といった設定が可能であり、生活シーンに密接した「生活の、ある瞬間のインサイト」を明らかにしたいという時に活用が可能です。

ＣＬＴでは、試作品のテストなど、その場での実体験と組み合わせたリサーチを行うことが可能になります。

消費者が求める「五感」をリッチに言語化

ビジュアル刺激法は、写真という媒介物を用いるので、対象者の感情や感覚を引き出すことに長けています。その利点を活かして、消費者が求めている「五感」を探ることができます。

人間の五感は「視覚」「聴覚」「嗅覚」「味覚」「触覚」と一般的に言われます。「触覚」は手触りや肌触りに止まるため、「体感」まで拡げて考え、「温覚」「冷覚」「痛覚」「圧覚」「運動覚」「重量覚」などまで含めて定義づけることが適切と考えられます。

特にコモディティ化した商品カテゴリーにおいて、五感は競合との違いを際立たせる強い武器になります。たとえば以下のような商品が五感を打ち出すことで成功しています。

例1　ユニクロの春夏用機能性インナー「シルキードライ」（現・エアリズム）

着ていることを忘れる〝着心地ゼロ〟のなめらかな肌触り

例2 サントリーのフレーバー焼酎「ふんわり鏡月」
やさしい果実の香りと飲み口

例3 ロッテのガム「Ｆｉｔ，ｓ」
フニャンと感じるソフトな噛み心地

消費者が求めている〝五感〟を知ることは次のような利点があります。

- 消費者が商品に求めている〝五感〟がわかれば、モノに落としやすい
- 広告プロモーションのキーワードが作りやすい
- パッケージやネーミングの有効なヒントになる
- 消費者は〝五感〟を通してブランドを体験するため、ブランドが強くなる
- 直感的に伝わるため、衝動的な購買を促進しやすい

しかし、消費者が求めている〝五感〟を知ろうとして普通に調査をしても、なかなかう

まくいかないのが実情です。なぜなら、消費者と五感の関係は、以下のようなものだからです。

- 求めている五感を上手に言葉にすることができない
- なんとなく感じていることだから、明確に言葉にできない
- 自分が本当に求めている五感が何か、本人もわかっていない

そこで、ビジュアル刺激法を用いたリサーチで、商品に求められている五感をリッチに言語化することが有効なのです。

このリサーチでは、次の3種類の〝五感〟をアウトプットします。

- 価値の〝五感〟（どんな五感的なポジが感じられているか？）
- 不満の〝五感〟（どんな五感的なネガが感じられているか？）
- 未充足の〝五感〟（消費者が求めているが充たされていない五感は？）

これらの五感を、インサイトの4要素で整理。ドライバー（源泉要因）を五感に絞り、同時に感じられているエモーション（感情）、感じられるシーン（場面）、その五感につな

がるバックグラウンド（背景要因）、というつながりで明確化します。

ビジュアル刺激法の利点として、高い評価を得ているポイントのひとつです。

文章完成法

文章完成法による投影

もうひとつのアプローチが「文章完成法」です。これは、すでに数多く使われている調査の手法で、元来心理学で用いられていたものがマーケティングにも援用されるようになりました。

アンケートの中で、たとえば、「私は、この世の中にブランドXがなかったら、この世は（　　　　　）だと感じる」といったように「虫食い」部分を設けた不完全な文章を提示。その空いている部分を対象者に自由に補わせることで、全文を完成させた回答を得る方法です。

あいまいな刺激に対しては、対象者の「無意識」が投映されるという仮定に基づき、「ほかにもさまざまな意味を持つ、あいまいな設問」によって、回答者の心の内面や性質を明らかにしようとしています。Ｗｅｂリサーチ、モバイル・リサーチ、ＣＬＴで調査用紙に記入する方法、いずれでも実施が可能です。

インサイトリサーチで使う場合は、知りたいことを「直接聞く」形での質問は行いません。知りたいことの実態と、その時に感じる気分、といった組み合わせで質問します。これは、ターゲットの持つ価値観を知るのにも適しています。

たとえば、「ペットと過ごす生活」について価値観や行動要因を探ろうとする場合、以下のような質問が考えられます。

- ペットと過ごすことについて、幸せを感じるひととき
- ペットと過ごしていて、最近、一番感動したこと
- ペットについて、ストレス、不安、不満、悩みを感じていること
- ペットについて、ストレス、不安、不満、悩みから解放されるとき
- ペットについて、今後の人生で実現したいこと
- もし制約がなかったら、ペットについて実現したい夢

自由記述式が中心となる調査なので、対象者に多くの回答をしてもらうために回答例を提示する、といった配慮があると、対象者からリッチな回答を得やすくなります。

得られた回答は、個々のニュアンス等に至るまで、ターゲット心理を理解するためのヒントが隠されていると考えて、記入された回答の表に出ていない心理まで、洞察して読み取っていきます。Ｗｅｂリサーチサービスなどを活用すれば、比較的短期間で数多くのサンプルを得ることが可能です。

先に説明したビジュアル刺激法においても、Ｗｅｂリサーチやモバイル・リサーチの設問の一部に文章完成法を用いています。調査設計側の意図に沿った回答を、リッチなボリュームで記述させることができるからです。

03

文化人類学に基づく事実からのアプローチ

図4-1の②-A

行動観察

行動観察によるインサイト探索

次に、インサイトを探索する「事実からのアプローチ」を見ていきましょう。まず、「行動観察」です。

行動観察は、これまでも定性的なマーケティング調査として行われてきたものです。しかし、インサイトを探索する、という目的を明確化することで、一般的な行動観察やホームビジット（お宅訪問調査）にはない、注意すべきポイントがあります。

インサイトリサーチとしての行動観察は、ターゲットが行っている行為の場面を直接見ることで、対象者自身も意識しておらず言葉になりにくい「無意識」に関する気づきを得ようとするものです。

実生活の中で調査対象者が行っている行為をその場で見聞きすることで、アンケートやインタビューで発せられる言葉だけでは得られない「非言語化」情報を収集し、そこからインサイトを読み解きます。

「お風呂を掃除する」「カレールーを使ってカレーを作る」「ハードディスクレコーダーに録画したテレビ番組を見る」といった観察対象となる「行動」を、普段と同じように再現してもらい、その模様を観察します。「会社帰りに公園で缶コーヒーを飲む」といった自宅以外の行動が対象であれば、その場所で再現してもらいます。

行動を再現している間は質問や会話はせず、観察に徹します。訪問したチーム内で分担して録画や写真撮影も行い記録を残します。観察中に感じたことや気づいたことは忘れずにその場でメモをとります。

再現が終了したら、その行動に関する質問を行います。一般的な常識と比較して異なると思われる点や、行為の流れの中で違和感や不整合を感じる点があれば確認します。どのような意図があるのか、その行為の背景に何があるのか、などについて質問していきます。

最後に、その行動を理解する上で必要と思われる、対象者を理解するための質問を行っていきます。その行動に影響を及ぼしている可能性がある日常生活の過ごし方、価値観や家族関係・交友関係などについても聞いていきます。

観察が終了したら、直後に参加者のみで振り返りを行っておきます。記憶が鮮明で印象が明確なうちに他のメンバーと意見交換をしておくことで、新たな気づきが得られます。各人が気になった点が何だったかを共有することも、その後の分析に役立ちます。

観察する際の留意点

最初の観察の間は、「本人にそのまま聞いても言葉にならないが、客観的な立場から見ると気になる、その人の特徴的な行動」が、インサイトを探る有効な手がかりとなります。「マニュアルにないこのような道具の使い方をしているが、それはどうしてなのか」「このような動作は他の人はしないのに、この人はなぜそうするのか」といった疑問が、その人の価値・不満・未充足欲求といったインサイトを考えるヒントになります。

行動を再現した後の質問では、「なぜそうするのか」と直接的に聞くのではなく、「あなたにとって、そうすることはどのような意味があるのか」といったことを確認するほうが重要です。なぜ、と聞かれても答えづらい場合もあり、本音とは異なる場合もあるからです。あるいは「そのようにしないとどんなマイナスがあるか」を聞いていくのもよいでしょう。質問するのは表面的な事実確認だけにならないようにします。

普段は自分の行動を見ることができない本人から気づきを得るために、その場で録画した内容を見せながら質問するのもよいでしょう。

対象者の自宅を訪問する場合には、自宅の様子からも、数多くの気づきを得ることができます。質問しなくても、その人の価値観が垣間見える情報が生活の場の中に数多くあるので、行動の背景の理解につながり、ターゲットの心理を豊かに解釈することができます。もちろん質問することで解釈が深まると考えられるようでしたら時間の許す範囲で質問していきます。

訪問に際しては、あまり多くの人数で行くと、対象者に過度な精神的な負担がかかることになります。訪問するメンバー構成としては、進行兼インタビュアーが1名、映像・写真記録の担当者を各1名決め、全員で3名以内で訪問するのが適切です。

訪問した結果は、記録した写真や動画を含めて共有します。訪問したメンバーはもちろん、記録された内容を訪問していない他のメンバーに共有化することで、全員がインサイトの探索を行えるようにします。記録の際には、必要以上に整理したりまとめたりするよりも、その場の生の情報を数多く残すようにして、気づきの手がかりを増やします。

行動観察のプロセスと、留意すべきポイント

このように行動観察を進めていきますが、インタビュー時により多くの気づきを確実に得られるようにするために、私たちは次の4つの事前準備をしっかり行うべきと考えています。

①オポチュニティを見つけておく
②オポチュニティの問題を抱えているであろう個人を特定しておく
③何をどのような観点で見るのか対象者ごとに個別に設計する
④不慣れな観察者でも多くの気づきを出してもらえるように、事前演習を実施する

①の「オポチュニティを見つけておく」は、行動観察の目的や課題設定に関わる問題です。そもそものビジネス機会（オポチュニティ）がないところでインサイトを得てアイデア

を開発しても、ビジネス上のメリットがありません。「お客様の理解のために行動観察を漫然と行う」のではなく、市場でまだ潜在的欲求が充たされていない領域のインサイトを調べてアイデアを開発する必要があります。

②の「オポチュニティの問題を抱えているであろう個人を特定しておく」も同様で、オポチュニティに関わる問題です。

行動観察を行う場合、いわゆる「エキストリームユーザー」を対象とするべきという考え方があります。これは、平均ではなく「極端な」ユーザーに聞くことで、調査対象に関する強い思い入れから有益なインサイトが得られる、というものです。

しかし私たちは、それ以上にオポチュニティと合致している、ビジネス機会を深く理解する手がかりを得られる対象者であることのほうが重要と考えています。

①で発見したオポチュニティの問題を抱えているであろう個人を特定することにこだわって、対象者のリクルーティングを行います。

③の「何をどのような観点で見るのか対象者ごとに個別に設計する」は、実際の観察の確度を高めるための準備です。

行動観察の際、同じプロジェクトなので、基本的に同じ観察プランを使い、あとはインタビュアー個人のセンスと現場の状況に合わせた修正で対象者の違いに対応しよう、といったことになっていないでしょうか。

行動が違えば観察の観点は異なるはずです。また、仮に同じ行為を観察するとしても、個々の対象者が置かれている環境もバックグラウンド（背景要因）も異なります。したがって、全員共通の観察プランで実査に臨むのは考え方として乱暴であり、大切な発見を見落としたり、ミスリードを招いたりするリスクが高まります。

そのようなリスクを避けるため、私たちはまず対象者にスマートフォンを使ったフォトダイアリー調査（対象者にテーマに沿った写真や動画を撮ってもらい、その写真や動画に関する説明を文章で記録してもらう、日記形式のリサーチ）などを行って、事前に当該事象に関する実態を把握します。その結果に基づいて、対象者一人ひとりにオリジナルの観察プランを作成します。そこでは、基本の流れや構造は仮に同じであっても、その人固有の課題や観察ポイントを精査し、個々の人にオリジナルのプランとして作成するようにしています。こうすることで、その人固有の問題や独自のインサイトを見逃すリスクを減らせるのです。

図5-3　行動観察のフロー

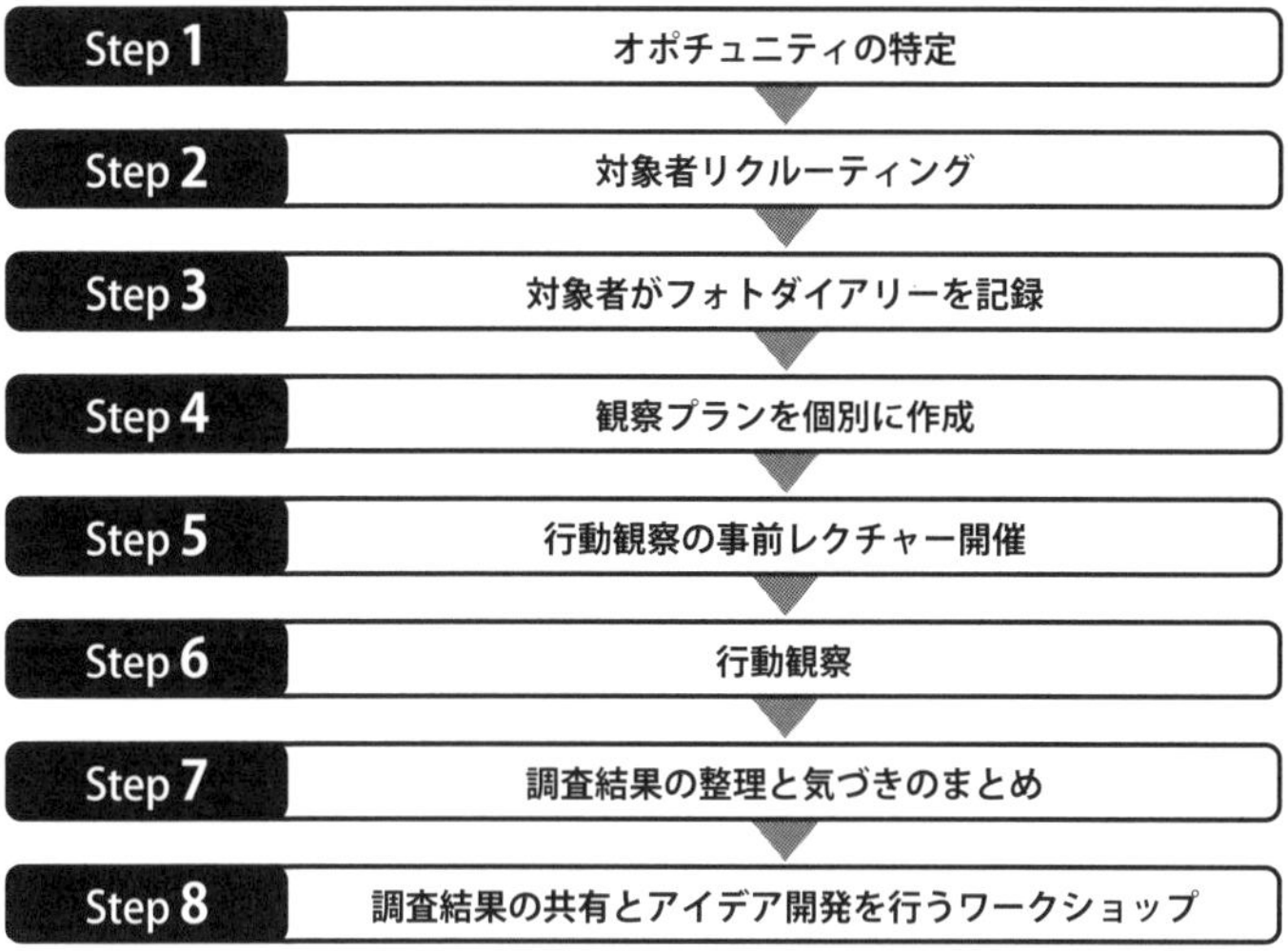

Step 1	オポチュニティの特定
Step 2	対象者リクルーティング
Step 3	対象者がフォトダイアリーを記録
Step 4	観察プランを個別に作成
Step 5	行動観察の事前レクチャー開催
Step 6	行動観察
Step 7	調査結果の整理と気づきのまとめ
Step 8	調査結果の共有とアイデア開発を行うワークショップ

最後の④「不慣れな観察者でも多くの気づきを出してもらえるように、事前演習を実施する」も、実際の観察の確度の向上、見落としや誤読を防ぐためのプロセスです。

行動観察調査を経験している人はあまり多くありません。その場で初めて体験する人ばかり、ということも珍しくないのです。事前に情報を共有し、それぞれの人は何を見たらいいのか、を知っておいてもらいます。フォトダイアリー調査の結果や観察プランを観察メンバーに共有するミーティングを設定し、対象者一人ひとりに対して、何をどのような観点で観察するかを明確に伝えて、有意義な発見を得やすくします。さらに、他の事例を収めたビデオ等により、事前演習を行って、行動観察自体に慣れ、当日落ち着いて観察を行えるように配慮していきます。

このような4つのポイントを踏まえて、私たちは通常、図5－3のようなフローで行動観察調査を行っています。

ソーシャルリスニング

ネット上の発言を素材としてインサイトを探るソーシャルリスニング

次に、「ソーシャルリスニング」について見ていきましょう。

「ソーシャルリスニング」とは、ツイッターやフェイスブック、インスタグラムなどのSNS（ソーシャル・ネットワーク・サービス）、ブログなどのソーシャルメディア、ECサイトやレビューサイト（『Amazon』『アットコスメ』『価格．com』など）のコメント等、インターネット上における一般の消費者の投稿を素材として分析することで、インサイトを明らかにする手法です。国内の投稿だけでなく、海外での投稿も分析することが可能です。

ＳＮＳやソーシャルメディアの投稿を素材とする最大の利点は、その場における投稿が、自発的であるということです。アンケート調査等のように、質問されて答えた言葉ではなく、自分の意志で発せられた気持ちや感想を分析の対象とすることで、アンケートやインタビューなどの「Asking」型の情報収集では得られない、「他意のない、率直な感想や気持ち」を収集できます。

前述したように、調査の回答者として投稿を求められると、建前や理屈で考えたり、求められていると思う回答をしたりして、本当に思っていることとは違うことを述べてしまうことがままあります。一方、自分の気持ちに忠実に書かれているＳＮＳ上での言葉は、調査では得られない、「何かをした瞬間の気持ち」「遠慮のない生の声」「その気持ちになったシーンや、その気持ちを刺激した要素」「その人がどんな人なのか、何を考えているのかを類推する背景要素」などを知る手がかりが多くあるのです。

同時に、これらのＳＮＳは、投稿の日時がわかるので、何かが起こった時の反応を調べる、この時期にはどのようなことが投稿されているのかを分析する、といったさまざまな使い方が可能になります。

図5-4　ソーシャルリスニングの分析プロセス

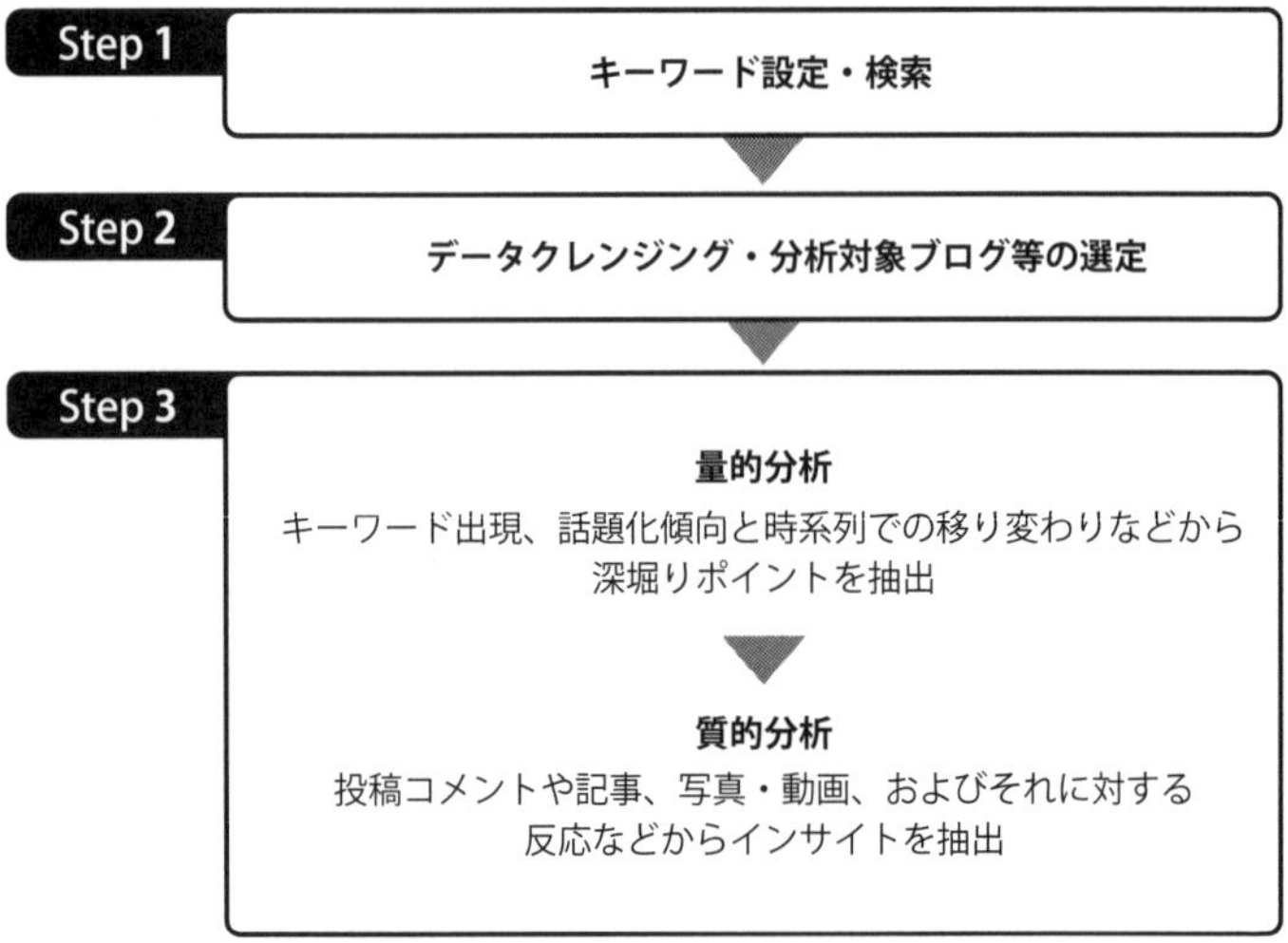
Step 1
キーワード設定・検索
Step 2
データクレンジング・分析対象ブログ等の選定
Step 3
量的分析
キーワード出現、話題化傾向と時系列での移り変わりなどから
深堀りポイントを抽出
質的分析
投稿コメントや記事、写真・動画、およびそれに対する
反応などからインサイトを抽出

ソーシャルリスニングの3つのステップと留意点

分析プロセスは図5－4のようになります。

ステップ①

まず知りたいテーマに関するキーワードを設定し、検索したい期間を決めて、調べる対象としたSNSやソーシャルメディアを検索します。横断的な検索が可能なサービスも提供されているのでそれを活用するのもいいでしょう。

必要十分な情報量が得られるか、キーワードの設定を検討します。可能であれば追加したり、同じ意味の単語を表現を変えて複数設定したり、といった調整を行います。

ステップ②

ステップ②は、抽出したデータのクレンジングです。現状のソーシャルリスニングの問題として、一般生活者ではない人のコメントが相当数含まれており、これを分析対象から除く必要があるということです。やらせ・スパムと呼ばれる、クチコミを装った広告コメント、調査対象の素材を扱っている業者が行っている告知など、余計な内容を削除して、分析に必要な投稿だけを残します。

ステップ③

これらの準備を踏まえて、ステップ③の分析に入ります。

量的分析では、話題の傾向と、時系列での移り変わりなどから深堀りポイントを抽出します。時系列の分析では、たとえば投稿が伸びたタイミングで影響を与えたのは何か、を見ることができます。ニュース、メディア露出などの影響も読み取ります。具体的な内容はそのタイミングの投稿をチェックすることでわかります。そして、投稿の増減だけでなく、投稿の内容を確認することで「なぜ反応があったのか」の理由を明らかにすることができます。

また、テキストマイニングツール等によって単語の出現の頻度や相関、出現傾向を分析することも可能です。期間ごとの傾向を見ることで、「この時期に特有のインサイト」といった傾向の分析やオポチュニティの発見も行うことができます。

質的分析は、投稿コメントや記事、写真・動画、およびそれに対する反応などからインサイトを抽出します。個別のコメントを直接読みこんで気づきを得ます。

対象となる投稿が多い場合は、投稿をランダム抽出したり、文字数の多いものだけを対象としたりといった基準を設けて、一部のみを分析対象とします。

書かれている内容だけでなく、日時や季節との相関性を見るのもよいでしょう。また、特にブログ等では、その人の記述内容に興味が湧いた場合、検索した投稿以外の、その前後の記述も含めて読み込んでいきます。それによって、さらにその人の価値観や普段考えていることが理解できます。また、対象者の年齢や性別、職業や家族構成などの属性情報を確認できます。できるだけ、そのような内容も確認していくとよいでしょう。

現在、ソーシャルリスニングの使われ方は、キャンペーンやPRのトラッキングと、炎上回避などのリスクマネジメントが主流になっています。しかし、ここまで述べてきたような利点を活かせば、現在の主流の「フォローアップ」「後ろ向き」という使われ方ではなく、もっと積極的な活用が可能になります。

新たなオポチュニティを発見し、そこから新しいプロダクトやサービスのアイデアを創り出し、イノベーションを生み出すヒントが埋もれている宝の山として、ソーシャルリスニングの活用をおすすめします。

コミュニティリサーチ

コミュニティリサーチ（MROC）は集めて、集まる

コミュニティリサーチは、ネット上に開設される、マーケティングリサーチを目的とするクローズドなリサーチ専用のコミュニティで、MROC（Marketing Research Online Community）とも呼ばれています。コミュニティ・メンバーと企業が、一緒になってマーケティング課題の解決に取り組む仕組みです。

テーマに関して積極的に関与したい方に一定の期間メンバーとして参加してもらい、そ

の場での相互作用を通じて自然な会話を行います。それを企業やモデレーターがリスニングすることで、インサイトを発掘します。「Passive/Listening」型（集まるデータ）と「Active/Asking」型（集めるデータ）のハイブリッド型といえます。

調べたいテーマに積極的に関与している人の、日常生活や行動の情報を活かしてアイデアを作りたい場合に有効な手法です。

参加を依頼するのは、実際のユーザーや愛好者など、その商品について実体験と共に発言ができる人が適しています。そして、アイデア開発ということに積極的に取り組みたい、という意志がある人をメンバーとすることが、良い結果を生みます。設定期間は特に定められているものはありませんが、1カ月などそれなりに長い期間をとるのが普通です。

実況報告のように書き込んでもらい、利用状況を把握

フェイスブックなどのSNSをイメージさせる専用サイトをWebとスマートフォンの両方に設定します。コミュニティマネージャーと呼ばれる主催者側の進行役が運営を担当し、自然な会話の発生へと導くために、調査を企画した側からいろいろな「会話の切り口」や「お題」を提示して、参加者の書き込みを促します。「○○についての体験談」「今

日の○○体験報告」など、参加者同士がどんどん話せるようなお題を投げかけていきます。「今、実際に○○しているところ」といった、実況報告のように書き込みをしてもらうテーマを設定することで、商品の利用状況を把握することも可能になります。スマートフォンの利用を推奨し、場面の写真を収集します。できるだけその場面で書き込んでもらい、その時の気分、そういった気分にさせる源泉は何か、どういう状況なのか、なども記録してもらいます。こうすることでその商品に関するエモーション（感情）と、それに結びつくシーン（場面）、ドライバー（源泉要因）、バックグラウンド（背景要因）を理解する情報を収集することができます。

コミュニティマネージャーは、流れを円滑にするだけでなく、心理を理解する上で掘り下げたほうがよいと思う発言に対しては発言者に確認をしていきます。これは、コミュニティの中で直接その人に発言を促すような形で行います。

製作過程にある試作品を提供し、ホームユーステスト（一定の試用期間を設けて、実際に試作品を家庭で使用してもらい評価を調査するリサーチ）のようにメンバーに体験してもらうスタイルでも実施できます。ユーザーの生活の中に入り込んで、プロトタイプが創造し得る、新しいシーン＆ベネフィットを探索します。これにより、試作品の改善点や新たなアイデアについて、ユーザーからのフィードバックを得ることが可能になります。

04

インサイトの読み解き方

図4-1の②-B

ここまで、インサイトを明らかにするための方法をいろいろと紹介してきました。では、そこで得られたデータや素材から、インサイトを「洞察する」時に、気をつけるべきことはどんな点でしょうか？　何に着眼し、どんなふうに考えれば、インサイトを明らかにすることができるのでしょうか？

ポイント①「離せ、戻せ」で考える

何度かお話ししていますが、「人間を見に行く」ことが大事、自分の商品やブランドだけを見ていては狭い発想しかできません。ここでも、その考え方を徹底していくことが大切です。

商品やブランドからあえて遠く離れてみましょう。人間を見ることで、視点が広がり、

図5-5　インサイトを読み解く７つのポイント

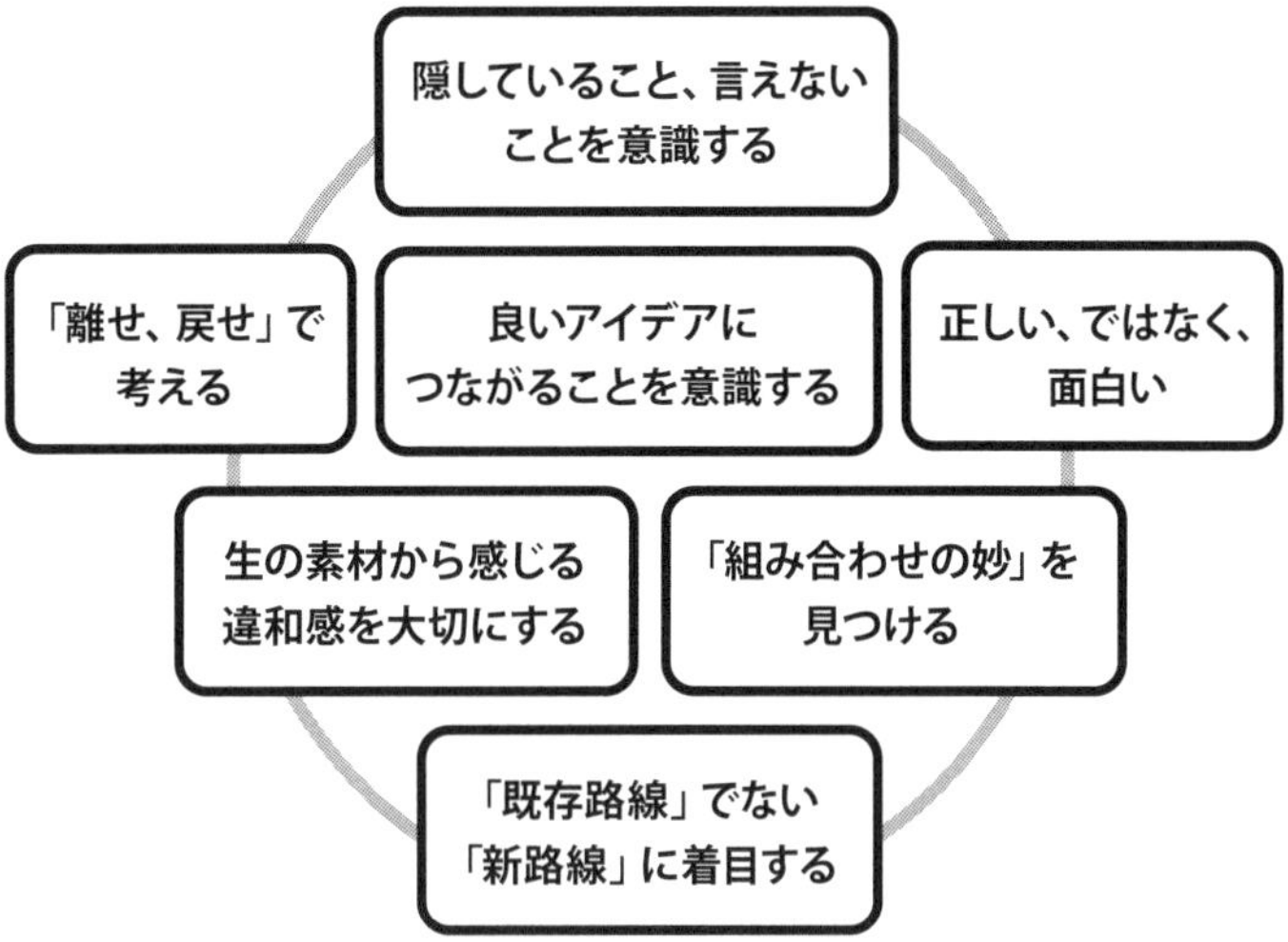

手がかりもたくさん得られます。いつも同じことを繰り返し考えたり話したりしていては大きな変化は起こりません。人間を見て世界を広げることに一度徹しましょう。

そのプロセスを経て、先ほど説明した「買わない理由の法則」のように自分の課題に戻ってきます。さまざまなヒントが得られたはずです。それを自分の課題を解くカギにするのです。

アイデアまで作ったら、その後に検証のフェーズが待っています。ふるいにかけるのはその時でかまいません。この時点であえて小さく縮こまった発想にする必要はないのです。

あえてちょっと「いい加減な」気持ちで「ノリ」と「勢い」を大切にしながら、自由な気の持ちようで、洞察の作業を進めていきましょう。

ポイント② 良いアイデアにつながるかどうかを意識する

インサイトを洞察する作業は、「アイデア」を作ることに貢献するものでなければなりません。それを頭に置いてください。アイデアを発想する根幹になる、スタート地点がインサイトです。そのインサイトが面白いもの、興味深いものでなければ、最後に考えるアイデアが面白くなるはずがありません。

このインサイトから、良いアイデアが生まれるかどうか、を常に意識しておくことで、与えられた素材を見る目も変わり、最終的にインサイトも良いものに近づきます。

ポイント③ 生の素材から感じる違和感を大切にする

作業を進める際には、できるだけ「生の素材」に触れることを意識します。整理されたレポートや、まとめられた結果だけを見るのではなく、インタビューであれば「参加者の生の声」や「発言録」に、時間や余裕のある限り触れるようにして、そこから自分なりの

「気づき」を得てください。

整理されたりまとめられたりしたものには、いわゆる「心の襞《ひだ》」のような、生々しい心理状況が見えにくくなりがちです。そこにヒントがあることも多いので、分析者は「加工される前の素材」を触ることをおすすめします。

また、生の素材を見る時は、「要約しよう」「まとめよう」と考えてはいけません。

その発言や素材から、「テーマとのギャップがある」「ちょっと違和感を覚える」「ん？何これ？　とひっかかる」といった発言内容をチェックしていきます。

その発言の裏には、それまでの常識や先入観からズレている何かが隠れているということです。普通に考えたら出てこない単語や、ひっかかる言葉の組み合わせ、フレーズ、あるいは文脈が語られているということですから、それを逃がさないようにします。

ポイント④　正しい、ではなく、面白い

③で触れたように生の素材を見て、気になった言葉に着目します。そして、その人の心理にどのようなことがあるのかを「洞察」していきます。

その際には、「正しい答えを探そう」と考えないようにします。「こう考えたら、面白い」

というスタンスで、可能性を拡げる作業をします。「正しい」に向かう行為は、ひとつの方向に収斂させていこうとすることであり、最大公約数で合意を得やすい答えを得ようとすることです。

間違っているかもしれないけれども、こう考えたほうが面白いのではないかという仮説を出していくように思考を向けていきます。

誰に聞いても「そうだよね」といってもらえる100点の答えを求めず、話した瞬間に相手が思わず笑ってしまうくらいの、「面白い」と思ってもらえることを読み取っていきます。

ポイント⑤ 「既存路線」でない「新路線」に着目する

「既存路線」＝すでにわかっていること、ではなく、「新路線」＝知らなかった！　そんなこと、と思えれば、面白く感じられます。

したがって「『わかっていること』＝既存路線、は何なのか？」をあらかじめ知っておき、プロジェクトのメンバーが共有できている必要があります。たとえば、これまでのお客さまの声でよく出てくる発言や、アンケート調査やインタビューでよく指摘されることを共有して、それ以外のことを「未知」のものとして捉えます。そういった認識がバラバラだと、自分が未知だと思うものが他の人にとっては既知であったり、その逆のことが起こったり、とプロジェクト自体が残念なものになってしまいます。「既知」でなく「未知」が面白いのです。

ポイント⑥　「組み合わせの妙」を見つける

単独では既知のこと、常識のことでも、組み合わせによって面白くなります。前に説明したキットカットの例では、「キットカットをパキッと折る（ドライバー）」×「受験の悩み（バックグラウンド）」×「ストレスからの解放（エモーション）」という組み合わせの面白さから、受験生応援キャンペーンというアイデアが生まれました。

たとえば次のような組み合わせの面白さが広がります。

- **「ドライバー（源泉要因）」×「エモーション（感情）」＝この要因が、こんな気分にさせる**
- **「シーン（場面）」×「ドライバー（源泉要因）」×「エモーション（感情）」＝こんな時に、こんな要因で、こんな気分になる**

・「バックグラウンド（背景要因）」×「ドライバー（源泉要因）」×「エモーション（感情）」
＝こういう背景があるので、この要因で、こんな気分になる

ポイント⑦ 隠していること、言えないことを意識する

人前で言いづらいこと、タブーに関わること、第2章でご紹介した「デビルインサイト」に関することが見つかれば面白く感じられます。

したがって、対象者の背景要因、すなわちバックグラウンド、価値観などまで想像を巡らせて深く見ていくことで、表層的な読み取りにならずに済みます。

・スキンケア化粧品ブランドのインサイトなら、「他人よりきれいに見られたい気持ち」や「年齢への恐怖心」など
・ウイスキーブランドのインサイトなら、「所属する会社へのストレス」や「見栄をはりたいという虚栄心」など

インサイトの3分類・4要素で考える

洞察を進めたら、それがインサイトの３分類「価値インサイト」「不満インサイト」「未充足欲求インサイト」のいずれなのかを考えてみます。

あいまいにしておかず、価値・不満・未充足のどれなのかをはっきりさせます。

そして、インサイトの４要素を整理します。

インサイトの間違いとして、「エモーション（感情）」しか表現されていないことがよくあります。

そのような場合は、元になった素材に立ち返ったり、その人の他の情報を見直したりして、インサイトの４要素「シーン（場面）」「ドライバー（源泉要因）」「エモーション（感情）」「バックグラウンド（背景要因）」を拾い出します。

本人が直接、言葉にしていなくてもかまいません。本人も意識できないのですから、他の要素から分析者が洞察していきます。全部揃えることがなくても、できるだけ多く埋めていきます。

図5-6　お茶漬けのりの例

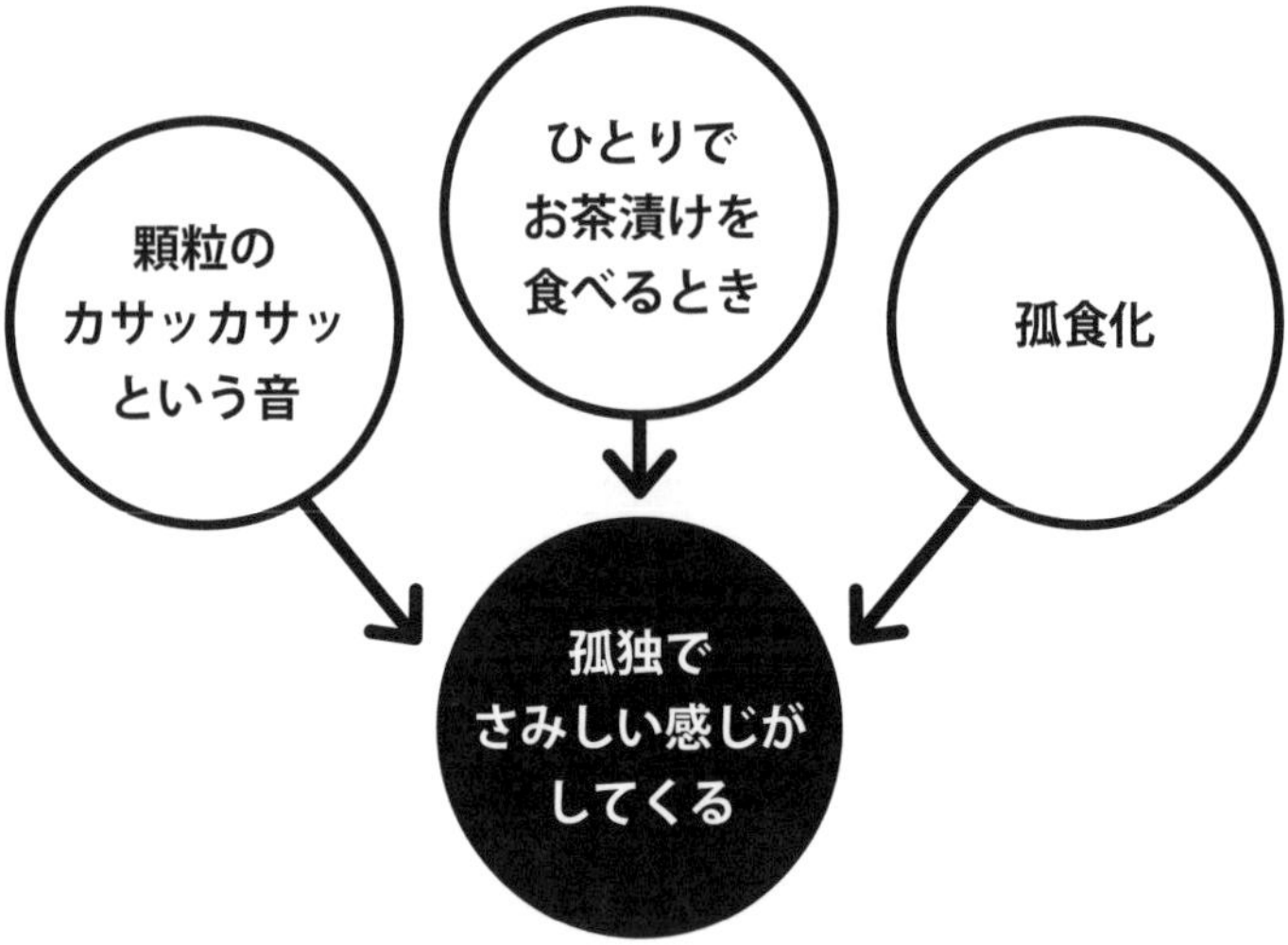

ただし、言葉を増やし、修飾語を増やす必要はありません。逆に、そのような言葉で補足しなければならないということは、「何がポイントなのか」が絞れていない、わかりにくい場合が多いものです。自分が、何が気になったのかを見直してみましょう。

最低でも、「エモーション（感情）」とそれ以外の3つからひとつの要素で書き表します。

最後に、4つの要素をひとつのセンテンスにして、チェックします。たとえば次のような文章にして読み返してください。

【インサイトの対象】は、【シーン（場面）】な時、【ドライバー（源泉要因）】が、【エモーション（感情）】な気分にさせる。それは、【バックグラウンド（背景要因）】だから。

読んでみて、分析者が「この人、確かにそう感じている」と思えるなら問題ありません。納得できる、腑に落ちる、という感じがあれば、インサイトとして成立しています。

腑に落ちないという感じがあれば、無理につなげていたり、読み間違いになっていたり、ということです。それぞれの要素を見直し、必要であれば元の素材に立ち返って、もう一度洞察を加えてみてください。

先に紹介したお茶漬けのりの例を使うと、次のようになります。（図5-6）

お茶漬けのりは、ひとりでお茶漬けを食べるとき、顆粒のカサッカサッという音が、孤独でさみしい感じにさせる。それは、孤食化でひとりの食事が増えているから。

このようなインサイトを、できるだけ多く出していきます。いわゆる「仮説」を多く出していく段階とお考えください。

第5章のまとめ

・インサイトリサーチの手法は、心理学に基づく感情（エモーション）からのアプローチと、文化人類学系のエスノグラフィに基づく事実（ファクト）からのアプローチに二分される。前者には写真を用いて無意識にアプローチする「ビジュアル刺激法」や不完全な文章を提示してその穴埋めをさせる「文章完成法」などがあり、後者には「行動観察」「ソーシャルリスニング」「コミュニティリサーチ（ＭＲＯＣ）」などがある。

・インサイトを読み解く際には、以下の7点に留意する。①「離せ、戻せ」で考える、②「良いアイデア」につながるかどうかを意識する、③生の素材から感じる「違和感」を大切にする、④「正しい」ではなく「面白い」を重視する、⑤「既存路線」でない「新路線」に着目する、⑥「組み合わせの妙」を見つける、⑦隠していること、言えないことを意識する。

第6章

既成概念を壊して
アイデアを手に入れる

01

ワークショップでアイデアを開発する

図4-1の③-A

イノベーションを阻む「既成概念」を壊す

この章では、インサイトからアイデアを開発する方法論について説明していきます。

ここまでに、成熟した市場では「欲しい」という気持ちを抱かせる商品やサービスを作り出すことは難しく、そのためには、従来の路線とは切り離されたイノベーションを起こさなければならない、イノベーションを伴うアイデアを創造するには、インサイトから発想するしかない、と述べてきました。

では、インサイトからのアイデア開発によってイノベーションを生み出すために、もっとも意識すべきことは何でしょうか。

それは、既成概念を壊すことです。

インサイトという「アイデアの種」をせっかく手に入れても、それをイノベーションという花が咲くまでに育て上げるには、「既成概念の壁」を乗り越えるという難題が待ち構えているのです。

既成概念とは、認知心理学でいわれる「認知バイアス」と同義と考えてよいでしょう。人間はさまざまな形で、いろいろな枠組みや考え方のクセにとらわれています。現状を守り物事をスムーズに運んでいくことだけを考えるなら、その「思考のクセやパターン」に流されていくのが効率的です。

しかし、新しいものを創り出そうとする時には、それは非常に邪魔なものになります。自分の思考のクセに沿って考えを進めていると、いつの間にか自分の思考パターンで処理された、現状の延長線上にあるアイデアに落ち着いてしまいます。

アイデアでイノベーションを起こす、という目的のために、アイデア開発においては既成概念を壊す、ということを意図的に組み込んで進めることが重要です。

インサイトとアイデアの関係を「枠の中」で考える

アイデア開発における「既成概念を壊す」工夫の第一は、インサイトからのアイデア作成のフレームワーク化です。

アイデア作成を人それぞれにフリーハンドで進めてしまうと、人間は「いつも考えている思考スタイル」で考えてしまい、イノベーションが生まれることは期待できなくなります。そこで、フレームワークを設けてそれを守ることで、思考の流れそのものに新しい枠組みを与え、新たな気づきを得やすくします。考え方の手順から決めて、「自由に」考えるではなく「枠の中で」考えるようにするのです。

私たちが使っている基本のフレームワークが、第2章の冒頭でも紹介した図6－1です。

「キーインサイト」は、人の隠れた不満や欲求のエッセンスです。「もっとも充たしたい未充足の欲求」「もっとも解決したい不満」のいずれかを短い文章で示します。

欲求の場合なら、「何をどうしてほしいのか」。不満の場合なら、「何がどんなふうにイヤなのか」。それを形にします。ポイントとなるインサイトの4要素も入れます。エモー

図6-1　インサイトからのアイデア作成のフレームワーク

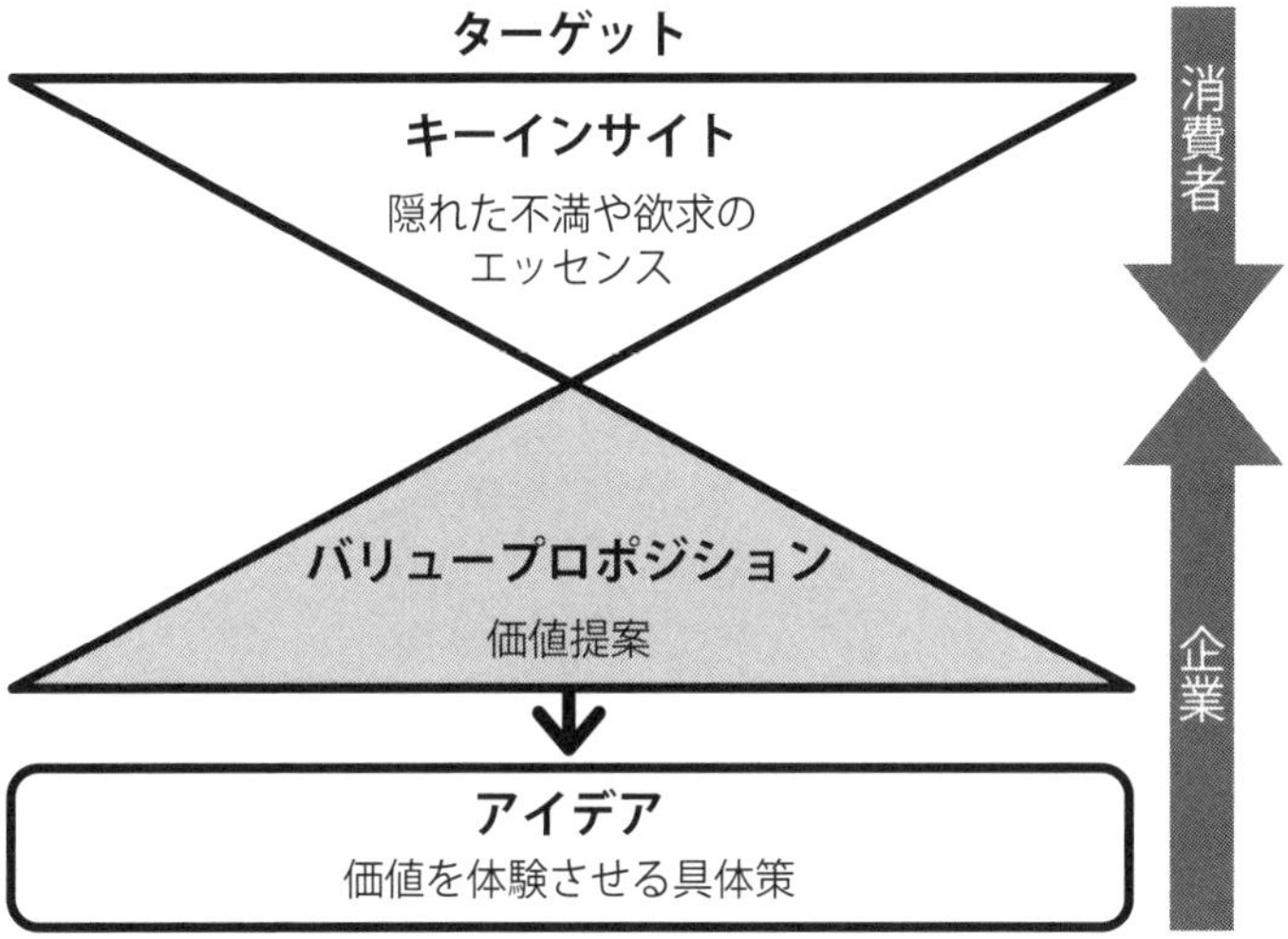

ション（感情）の要素は必ず入れ、これにその他3要素のひとつを加えて表現します。

そのプロジェクトの中で収集してきたインサイトの中から、浮かび上がってきた「重要な」＝「カギとなる」インサイトのエッセンスを描き起こしたもので、単なる要約ではありません。

これに対して、「バリュープロポジション」は、キーインサイトの「欲求を充たす」、または「不満を解消する」価値を提案するものです。これも短い文章にします。

プロポジション（proposition）とは、直訳すると「提案」「計画」「取引の申し込み」という意味で、ここでは「誘いをかけること」「口説くこと」「呼びかけ」といった意味にな

図6-2　AKB48の例

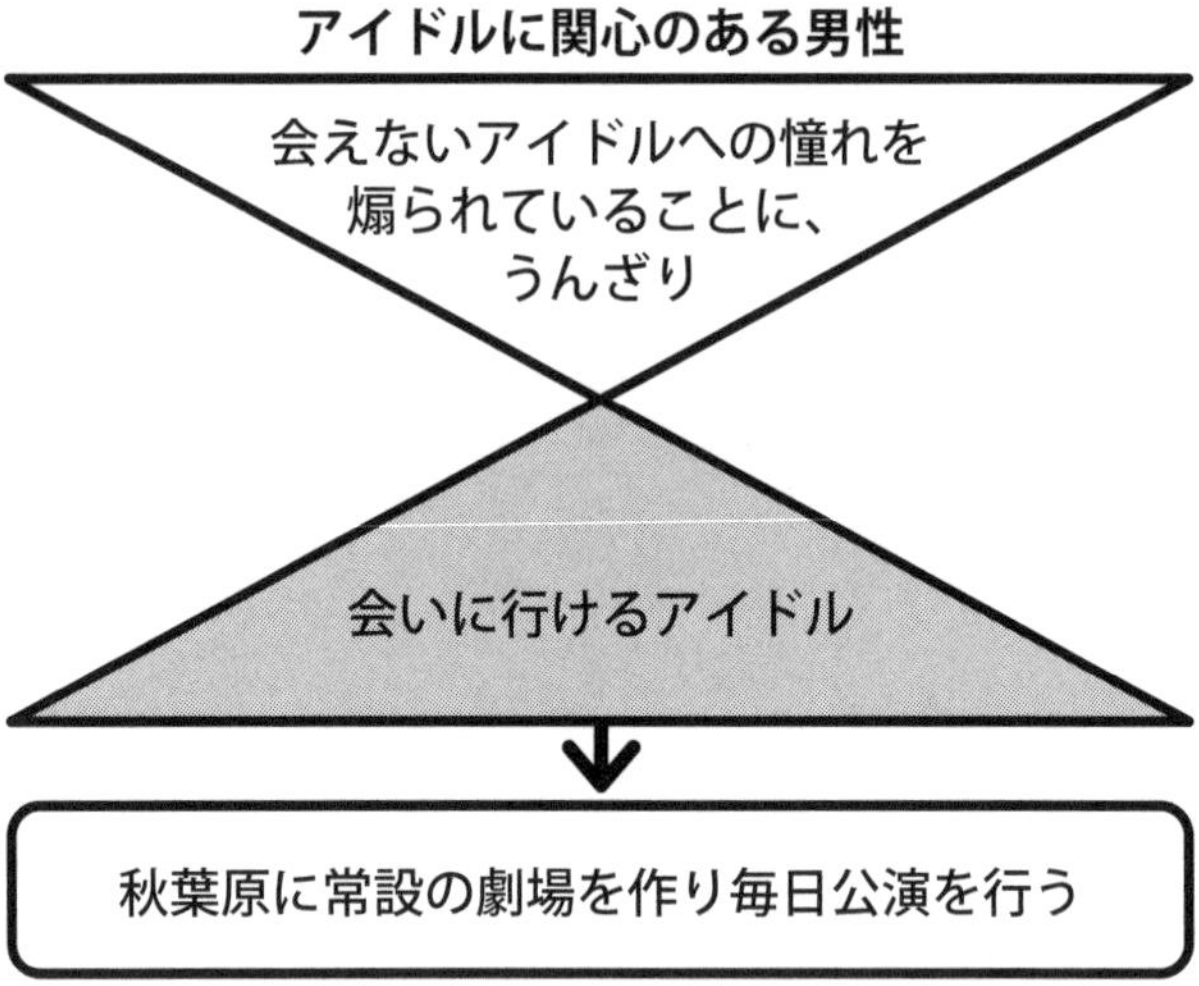
アイドルに関心のある男性
会えないアイドルへの憧れを
煽られていることに、
うんざり
会いに行けるアイドル
秋葉原に常設の劇場を作り毎日公演を行う

ります。したがって「バリュープロポジション」は「価値の提案」といった意味になります。

キーインサイトに応える、そのブランドや商品の新しい価値を提案する。それを要約するのが「バリュープロポジション」ということです。提供する「価値」が何か、どんなよさを提供しようとしているのか、を明示します。

なお、ここはアイデアの説明ではありません。アイデアは、下の欄に内容と要点を記入します。

キーインサイトとバリュープロポジションは一対の関係になります。キーインサイトは消費者側の不満や欲求です。このキーインサイトを充たす、企業側からの価値の提案がバリュープロポジションです。このふたつは、「充たし充たされ」という関係です。それぞれの主体が何なのか、を明確にしておいてください。

このようなフレームワークに記入すると、思考を自分の固定パターンから強制的に脱け出させることが可能になります。思考スタイルが変わり、イノベーションにつながるアイデアを発想することができるのです。

これまでに紹介したAKB48の例でいえば、図6－2のようになります。

ワークショップの基本構成

このフレームワークのように既成概念を壊す専用のプログラムを組み込んで行うのが、インサイトリサーチのアウトプットを活用してアイデアを開発するワークショップです。

このワークショップは、以下のふたつの特徴により、イノベーションにつながるアイデアを生み出す確率を高めています。ひとつは、アイデア開発に焦点を絞って実施した、インサイトリサーチの結果に基づいて行うこと。もうひとつは、参加者の認知バイアスを壊す仕組みを、あらかじめ組み込んでいる、ということです。

プログラムは次のような構成が基本です。事前にインサイトリサーチを行っているという前提です。

①オリエンテーション（目的の共有）
②ブレインバンクによる、インサイトリサーチ結果の共有
③アイディエーション（②のインサイトからのアイデア開発）
④アイデアの発表と討議

ブレインバンクとは、リサーチ結果を「ブレインバンク」形式で共有するものです。具体的には、参加者全員が、リサーチの結果が一気に発表されるのを聞きながら、自分の気づきをどんどんポストイットに書き留めていきます。気づきとして書き出すのは、インサイトの手がかりになるような「気になった言葉」や「自分が連想した言葉」、あるいは「アイデアの候補になりそうな言葉」で、自由に書いていきます。

提供されるインサイトリサーチの結果は、あらかじめシンプルな言葉で1シートに集約され、強弱をつけずにフラットに次々と提示されます。参加者は、その内容をシャワーのように浴びながら、その中で思いついたことをあえて「書き殴る」くらいの勢いで書き出します。刺激を与えて頭の中の言葉を出し入れするというブレインバンクという手法の特性から、論理的な思考よりも参加者の直観が重視され、既成概念を壊す手がかりを得ることができます。

アイディエーションは、「キーインサイト・バリュープロポジション・アイデア」という フレームワークで、３つの組み合わせを考える作業になります。

完成したフレームワークを各チームで発表し全体で共有し、できあがったアイデアについてのディスカッションを行います。

「なんとなくワークショップ」とは完全に異なる場を作る

アイデア開発ワークは、1グループ３～４名で構成して行います。参加するメンバーは、普段接しているコアメンバーだけにせず、関係部署から幅広く募る、社外からの参加も要請する、といった新しい組み合わせにします。日常的に接点が限られている人同士がディスカッションを行うことで、異なった観点が提供され、新たな気づきを得やすくなります。会場も「いつもの会議室」を離れて、違う空気を感じられる場所が理想的です。服装もカジュアルにしたり、ニックネームで呼び合うといった仕掛けも刺激を与えるという点で重要です。

報告をなんとなく聞き、ブレーンストーミングをしてポストイットに貼って、グルーピングして終了、という「なんとなくワークショップ」ではなく、「壊す」ための工夫をあらゆるところに設けるのです。

02

アイデア開発の精度を高める〝ひとこと化メソッド〟

図4-1の③-A

優れたアイデアは「ひとこと」で表現できる

アイデア開発の過程において、また、一旦開発したアイデアが進行していくにつれて起きがちなのが、次の3つの問題です。

①アイデアが、ブレる

進行につれ、提案のポイントがブレていく。

②アイデアが、ボケる

企画が進み明細にしていくほど、最初にあったエッジが立たなくなる。

③アイデアが、語る人に左右される

説明する人によって、本来あったはずの面白さが抜け落ちてしまう。

これらのブレ・ボケ・ヌケは、いわば「アイデア3大問題」です。

このような問題は、その企画のコアの部分がひとことでうまく表現できていないために起こります。

そこで、私たちが行うワークショップでも、アイデアのポイントをひとことで表現することをプログラムの中やフレームワークに組み入れています。

優れたアイデアは、ひとことで表現できるのです。

事例で紹介したAKB48の「会いに行けるアイドル」やディズニーランドの「大人が夢中になれる場所」も、見事にひとことでそのアイデアの核を表現しています。

他にも「エキナカ」(JR東日本)、「辛口ビール」(アサヒスーパードライ)、「食べるラー油」(桃屋・辛そうで辛くない少し辛いラー油)、など、短いひとことでアイデアを表現している事例は数多くあります。

こうすることで、ぼんやりしていたアイデアがクリアに見える、メンバー間の共有が進

図6-3　「ひとこと化」とは

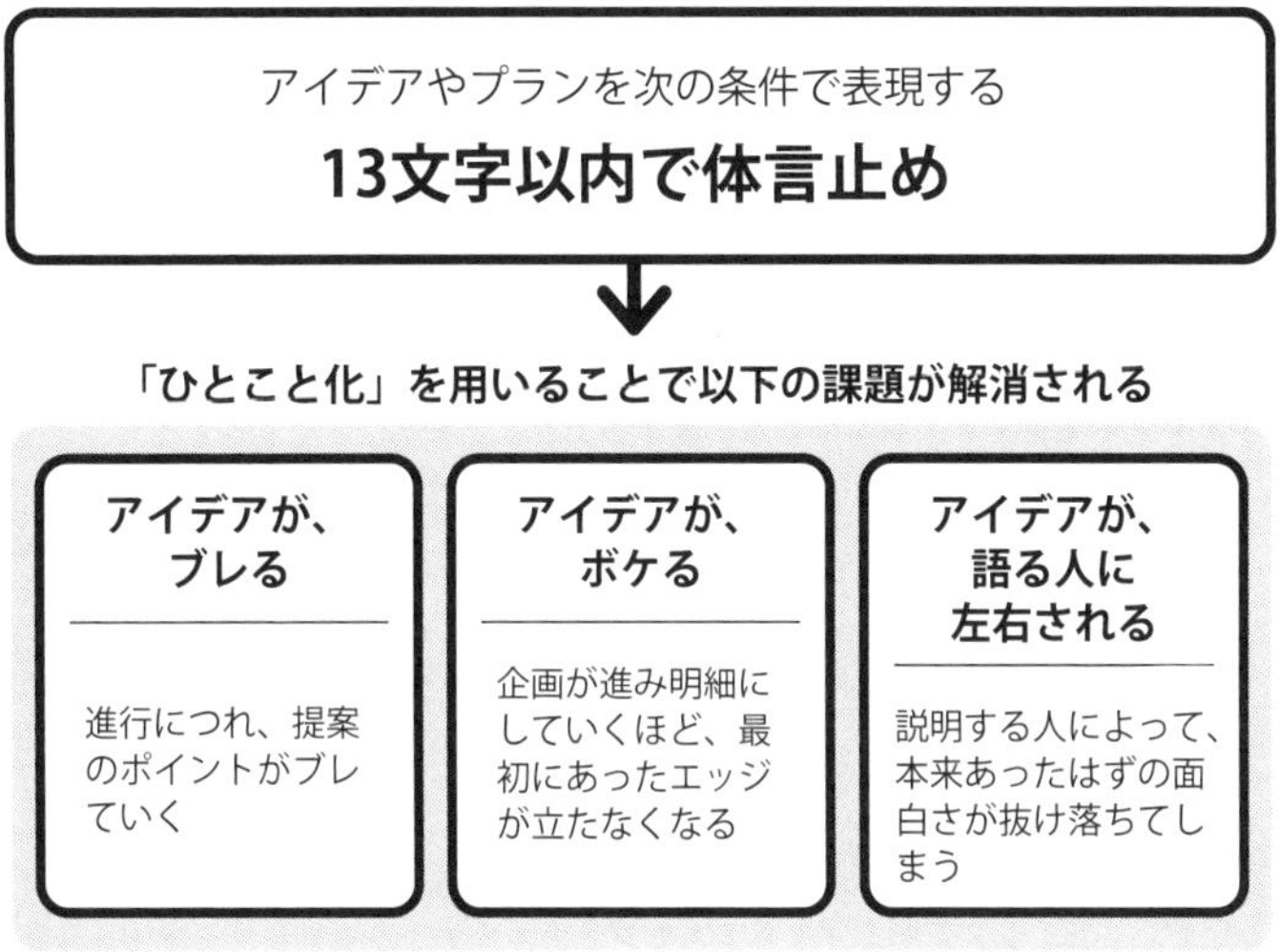
アイデアやプランを次の条件で表現する
13文字以内で体言止め
「ひとこと化」を用いることで以下の課題が解消される
アイデアが、ブレる
進行につれ、提案のポイントがブレていく
アイデアが、ボケる
企画が進み明細にしていくほど、最初にあったエッジが立たなくなる
アイデアが、語る人に左右される
説明する人によって、本来あったはずの面白さが抜け落ちてしまう

む、他の人へのアピール力が高まる、といった利点が生まれるのです。

しかし、単に「ひとことで言ってみてください」とお願いするだけでは、うまくいかないケースも多々あります。

そこで、アイデアやプランをひとことで言うにはどうすればいいか、を考えるために、アイデア発想やコピー・メッセージ開発のノウハウ、実用書から、流行語研究、認知心理学や言語学、感性工学を含めて、幅広く先行研究を調査しました。そして、たくさんの「ひとこと化」を集め類型化しました。それが、アイデアを優れたひとことで表現するための12の「ひとこと化の法則」＝「ひとこと化メソッド」です。

コピーライターなど言葉のプロに頼らなくても、これを用いることで、段違いにアイデア表現の質が変わってきます。

ひとこと化メソッドの基本

「13文字以内の体言止め」でまとめる

「Ｙａｈｏｏ！ニュース」トピックスの見出しは13文字以内と定められています。ＮＨＫをはじめ、テレビニュースの見出しテロップも同程度です。

これは、「13文字以内」で表現することで、意図せず目に入ってきて、考えながらではなく、するっと飲み込めるような「言葉のひと口サイズ」になるためです。

アイデアのひとこと化も同じルールに設定し、「13文字以内」で表現し、それをさらに「体言止め」にすることで、無理なく伝えたい人に共有できるスピード感を持たせます。

ひとこと化の3視点 ――「絞る」「ズラす」「喚起する」

ひとこと化には、次に挙げる３つの視点があります。

まず、「視点を絞る」。これは、いままで気にされていなかったことに注目して際立たせ

図6-4　ひとこと化の３視点

ひとこと化12の法則

視点	法則	内容
視点1 絞る	①行動フォーカス	見方を変えることで、常識になかった行動に新しい価値を見出す
	②理想プレゼン	具体的な数字やイメージによって、理想をはっきりさせる
	③たとえて見立てて	言いたいことを、別の言葉にたとえる、別のものに見立てる
視点2 ズラす	④タイム&ロケーションシフト	時間や場所との新たな結びつきを提案する
	⑤ズラす新鮮	視点をズラす意外な組み合わせを作る
	⑥新種族発見	新たな行動をしている生活者に名前をつける
	⑦他から拝借	自分の外の領域にある価値を移植する
	⑧愛されネガ	ネガティブなものから共通点を抽出する
	⑨言葉遊戯	言葉遊びで笑いや親しみを生み出す
視点3 喚起する	⑩お手軽お気楽	精神的なハードルを下げて行動を促す
	⑪正義の味方	広く感じられている不満や課題を提起し共感を得る
	⑫五感表現	擬音語など感覚に訴える表現を用いる

たり、あえて限定をつけたりすることを通して、受け手に新しい価値を感じさせます。

次に、「視点をズラす」。常識を裏切るような、相反する組み合わせや予想外の組み合わせ、意外な他の領域から流用するなど、これまでになかった新鮮さを生み出します。

もうひとつは、「行動を喚起する」。新しい習慣を提案したり、理想像を見せたりすることを通して、「やってみたい」「やらなきゃ」という気持ちを動かします。

ひとこと化は、この3つの視点のいずれかによって受け手にとっての新しい価値を提案しています。その提案のしかたによって、12のひとこと化パターンに分類されます。

以下、実際の例を用いて、12の「ひとこと化の法則」をいくつか紹介しましょう。

法則②理想プレゼン

まずは、法則②の「理想プレゼン」です。これは、誰もがぼんやりと浮かべている理想に、具体的な目標になる「数字」や「イメージ」をつけることで、はっきりとしたゴールを提示するひとこと化です。漠然とではなく、具体的に明示することで「それなら私にも手に入れられそう」「そういう地点に到達してみたい」「それだけのことができるなら価値がある」といった欲求を刺激します。

化粧品やトイレタリー関連でこの型のひとこと化は多く使われています。

ひとこと化例「マイナス5才肌」

花王ソフィーナの化粧品ブランド「プリマヴィスタ」で使われているひとこと化です。「5歳分肌年齢が若返る」と効果をはっきり数値化し、「具体性のあるレベル感」の驚きを感じさせて成功しています。「無理かもしれないけれど、肌だけでも年齢より若く見えたらいいのに」という女性のキーインサイトに応えています。

他のひとこと化例

「女優肌」（マードゥレクスのファンデーション「エクスボーテ」）
「きれいなおねえさん」（パナソニック　美容製品キャンペーン）
「ナイアガラ洗浄」（日立のドラム式洗濯乾燥機「ビッグドラム」）

実例で読み解く「ひとこと化の法則」 法則④タイム&ロケーションシフト

法則④「タイム&ロケーションシフト」で注目するのは「時間」と「場所」です。時間、場所との結びつきを変えて、これまでになかった組み合わせをすることで、新しい価値を発想することができます。

特定の場所で見られる新しい使い方、特定の時間ならではの新しい過ごし方から、効果的なひとこと化が行われています。

ひとこと化例１「エキナカ」

場所に注目したひとこと化です。
鉄道の駅は人が多く行き交う場所ですが、長い間交通の拠点であることを最優先に作られていました。したがって、その頃の駅の利用者は、「ちょっと気分を変えるだけのために、わざわざ駅の外まで出るのは億劫になる」といったキーインサイトを感じていたのです。

ＪＲ東日本は21世紀に入って「通過する駅から集う駅へ」という考え方で「エキナカ」の開発を進め、２００５年に「エキュート大宮」と「エキュート品川」を開業し、成功させました。

ひとこと化例２「朝専用コーヒー」

朝という時間に注目した、アサヒ飲料の缶コーヒー「ワンダ モーニングショット」のひとこと化です。調査結果から缶コーヒーが午前中・特に朝に多く飲まれている点に着目し、「朝の缶コーヒーで、もっとキリッとさせたい」というキーインサイトを見出しました。そして、この当時、朝に焦点を当てた商品がまったくなかったことから、「朝専用コーヒー」という、時間に注目したひとこと化を行ったのです。朝に飲むために味の最適化をはかり、商品名にも「モーニング」を明示。広告・販促展開も朝をテーマにしたものに徹底。ひとこと化で戦略全体をはっきり絞り込んだことで、一気に売上を伸ばしました。

他のひとこと化例

「街コン」
「朝マック」（日本マクドナルド）
「終活」

実例で読み解く「ひとこと化の法則」法則⑤ズラす新鮮

法則⑤の「ズラす新鮮」は、視点をズラすひとこと化です。意外な組み合わせ、予想を気持ちよく裏切るような組み合わせを発想することで、インパクトを感じさせます。新たな発見、新しい体験となるような、これまでにない驚きのあるものであることが必要です。

ひとこと化例1「飲むセンイ」

大塚製薬の飲料ブランド「ファイブミニ」の開発におけるひとこと化です。「食物繊維は大切といわれるが、いざ摂ろうと思うと今の食生活ではどうしたらいいのかわからず、もやもやしてしまう」といったキーインサイトに応えるものです。女性に食物繊維を摂ってもらおうと考えたひとことが「飲むセンイ」で、1988年に「ファイブミニ」が発売されました。「繊維」を「飲む」という意外性のある組み合わせで、食物繊維に対する関心を高め、新しい飲料ジャンルとしてのポジションを築きました。

ひとこと化例2「塗るつけまつげ」

「まつげを長くしてモードなおしゃれをしたい、でもつけまつげは面倒」といったキーインサイトに応えた化粧品ブランド「デジャヴュ」のひとこと化です。まつげ自体に塗って伸ばしてつけまつげのような仕上がり感を出すことで、「つける」ものだったつけまつげと同じ機能を、手軽に感じさせることができるというアイデアで大ヒットしました。

他のひとこと化例

「大人可愛い」（ＩｎＲｅｄ）
「食べるラー油」（桃屋・辛そうで辛くない少し辛いラー油）
「会いに行けるアイドル」（ＡＫＢ48）
「聞く力」（阿川佐和子氏）
「弁当男子」
「山ガール」

この12のひとこと化の法則は、アイディエーションの際に情報提供され、アイデアそのものの開発や、アイデアの表現を磨いていく際に用いています。

03

〝インサイトマンガ〟でインサイトを直観的に共有する

図4-1の③-A

「伝わり方」が格段に違ってくる

あるインサイトがアイデアのカギになる、と自分が思っていても、たとえばワークショップで同じグループになったメンバーにそれが伝わらないと、いまいちピンと来てもらえず、共感が得られない、といった事態になってしまいます。

ワークショップではありませんがインサイトに関するレポートを作ったり、それを報告したりする時にも、同じような事態に陥ることがあります。

グローバルな企業、日本人以外のプロジェクトメンバーがいる時、日本人特有のインサイトを理解してもらうのも、なかなか簡単ではありません。

このような状況を打開するためのメソッドが、「インサイトマンガ」です。

「マンガ」という「絵」と「言葉」の組み合わせが、インサイトを理解してもらうために非常に力になります。

私たちも、外国人の方にもこの「マンガ」でインサイトを説明すると、「伝わり方」が違うという経験をしています。

国内はもとより、グローバルにも利用価値が高いのがインサイトマンガです。

事例で説明しましょう。前に説明した、お茶漬けのりの不満インサイトです。

改めて文章で説明すると、次のようになります。

顆粒のカサッカサッという音が、孤独感とさびしさにつながっている。

ひとりでお茶漬けを食べるとき、顆粒のカサッカサッという音を聞くと孤独でさみしい感じがしてきて、好きじゃない。

最近は孤食化で、家族と住んでいてもひとりで食事をする場面が増えている。

↓アイデア：生タイプのお茶漬けのり

生タイプにすることで「顆粒のカサッカサッ」を解消する。

図6-5　インサイトマンガの例

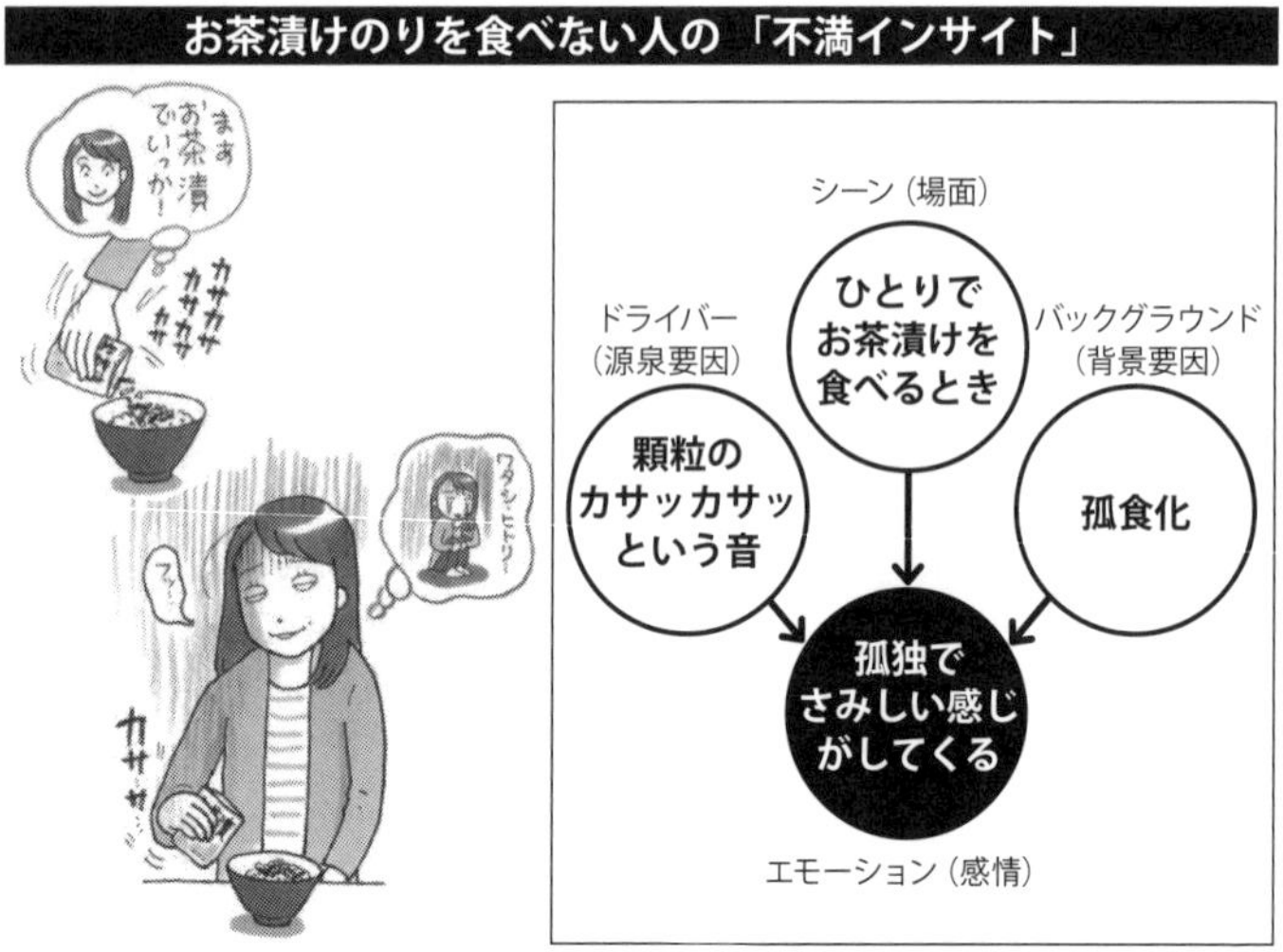

これを、インサイトマンガを使って説明すると、図6―5のようになります。

いかがでしょうか。違いがおわかりいただけると思います。

実は、インサイトの4要素がクリアになっていないと、正しくインサイトをとらえたマンガを描くことができません。

ここでは次の要素が情報として明らかになっているので、伝わるマンガになっているのです。

「シーン（場面）」ひとりでお茶漬けを食べるとき

「ドライバー（源泉要因）」顆粒のカサッカサッという音

［エモーション（感情）］孤独でさみしい感じがしてくる
［バックグラウンド（背景要因）］孤食化

この４要素に、ターゲット属性の情報（性別、年齢、家族構成、職業など）が加わることで、初めてマンガを描くことができます。

マンガでアイデアの理解も容易になる

私たちは、このインサイトマンガの力を、レポート作成はもちろんですが、ワークショップにも活かしています。

ワークショップに、マンガ的な絵とセリフを起こせるイラストレーターが参加。イラストレーターは、その場でグループワークにも同席し、読み取られたインサイトをマンガに描き起こすのです。

ここでは精度を高めた描き込みではなく、ポイントとなる要素とコメントのみをもとに、マンガを、ディスカッションと並行しながら制作していきます。

それを見て理解が深まり、新しいアイデアの刺激要素になるという好循環を作ることができます。

インサイトだけでなく、マンガを使うことでアイデアの理解も容易になります。ワークショップでアイデアを表現するために利用することができますし、その後のプロジェクト展開でも活用できます。内容については後述します。

04

アイデアの実現可能性をコントロールする〝技術カード〟

図 4-1 の ③ -A

アイデアをインサイトとシーズの両面から考えるために

インサイトからアイデアを開発するワークショップで、もう一点気をつけておかなければならないのが、「実現可能性のコントロール」です。

これがうまくいかないと、次のような事態に陥り、思ったような成果に結びつかなくなります。

- インサイトはたくさん見出せたが、実現可能性に縛られてしまい最終的なアイデアに新しさを感じない
- （その逆に）盛り上がってアイデアは拡がったが、実現可能性が低いアイデアばかりに

図6-6　技術カード例

技術カード

「溶けてなくなる」
埋め込み式の脳センサー

手術後の脳をモニターし、体温や頭蓋内圧を測定したあと、数週間後には溶けてなくなる埋め込み式の電子センサー。流体や動き、pH、熱特性も測定可能で、脳の深部だけでなく腹部や四肢にも対応している。
手術後のモニタリングにかかわる感染症リスクを大幅に減らしてくれる。

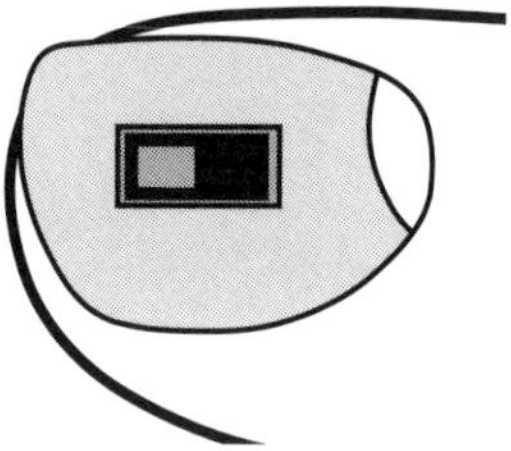

（「WIRED」2016.03.01「溶けてなくなる」埋め込み式の脳センサーを基に作成）

なってしまった

このような事態を避け、成果をあげていくには、技術という「シーズ」をプログラムに活かしていく必要があります。インサイトからのアイデアだけでは、シーズが抜け落ちてしまうからです。

インサイトとシーズの両方が、アイデアを創り出し実現するために必要です。

多くのワークショップで、技術の情報が登場しないのは、ある程度、社内の技術についてはわかっている、という暗黙の了解があるためです。

しかし、社外の技術情報や最先端の技術に関しては多くの場合十分とはいえません。アイデア開発の中で、何らかの情報提供がなければ、社外の技術をインサイトと結びつけて新しいアイデアを生み出す、といったことは困難です。

このような問題を解決するツールとして、私たちがプログラムに採り入れているのが「技術カード」です。（図６－６）

依頼主社内の技術と、たとえばＩｏＴや人工知能といった社外の次世代技術の情報を収集してカード化します。カードはアイディエーションの途中で情報提供し、アイデアの実現可能性を高めます。また、アイデア開発の刺激材料としても活用できるものです。

技術を要約しパッと見るだけで直観的に理解できる内容にします。文系のマーケッターが見ても、ピンとくる内容でなければなりません。

技術カードの作成プロセス

技術カードの作成プロセスは次のように進めます（社外の技術情報の場合）。

①技術カテゴリーを決める
・経済産業省の技術分類などを参考に特定します
②情報収集する
・当該技術カテゴリーに精通している編集者やライターからの情報収集
・デスクリサーチで収集
③技術カードを作成する
・「事例」と「技術」の2段組みで作成します

このように技術カードは、アイディエーションのプロセスで活用することで、アイデアの生産性と実現可能性を高めます。

ただし、情報のインプットの順番には十分に注意が必要です。

ポイントは、必ずインサイトから始めること。アイディエーションがある程度進んだ後、少なくともバリュープロポジションを定義した後に、技術カードを提示します。技術カードから始めてしまうと、特に社内の技術情報に引っ張られて、新奇性のあるアイデアづくりが困難になってしまいます。

05

キーインサイト・バリュープロポジション・アイデアの検証

図 4-1 の ④ -A

そのキーインサイトはどれだけ共感を集めるか

アイデアが完成し、続いてプロトタイピングと検証のフェーズに進みます。

まず、キーインサイトの検証について説明しましょう。

インサイトリサーチの多くは定性的な調査手法が用いられており、ひとりの対象者の調査結果から読み取ったインサイト等も数多くあります。同様に、ひとりのインサイトから作られたキーインサイトもあります。そこで、このキーインサイトに共感する人がどのくらいいるのか、を量的に把握することで、「確かにそのキーインサイトは多くの人々の心に存在している」と説明できます。また、どのキーインサイトがより多くの人に感じられているのかを判断する基準を得ることができます。

図6-7　キーインサイトの検証

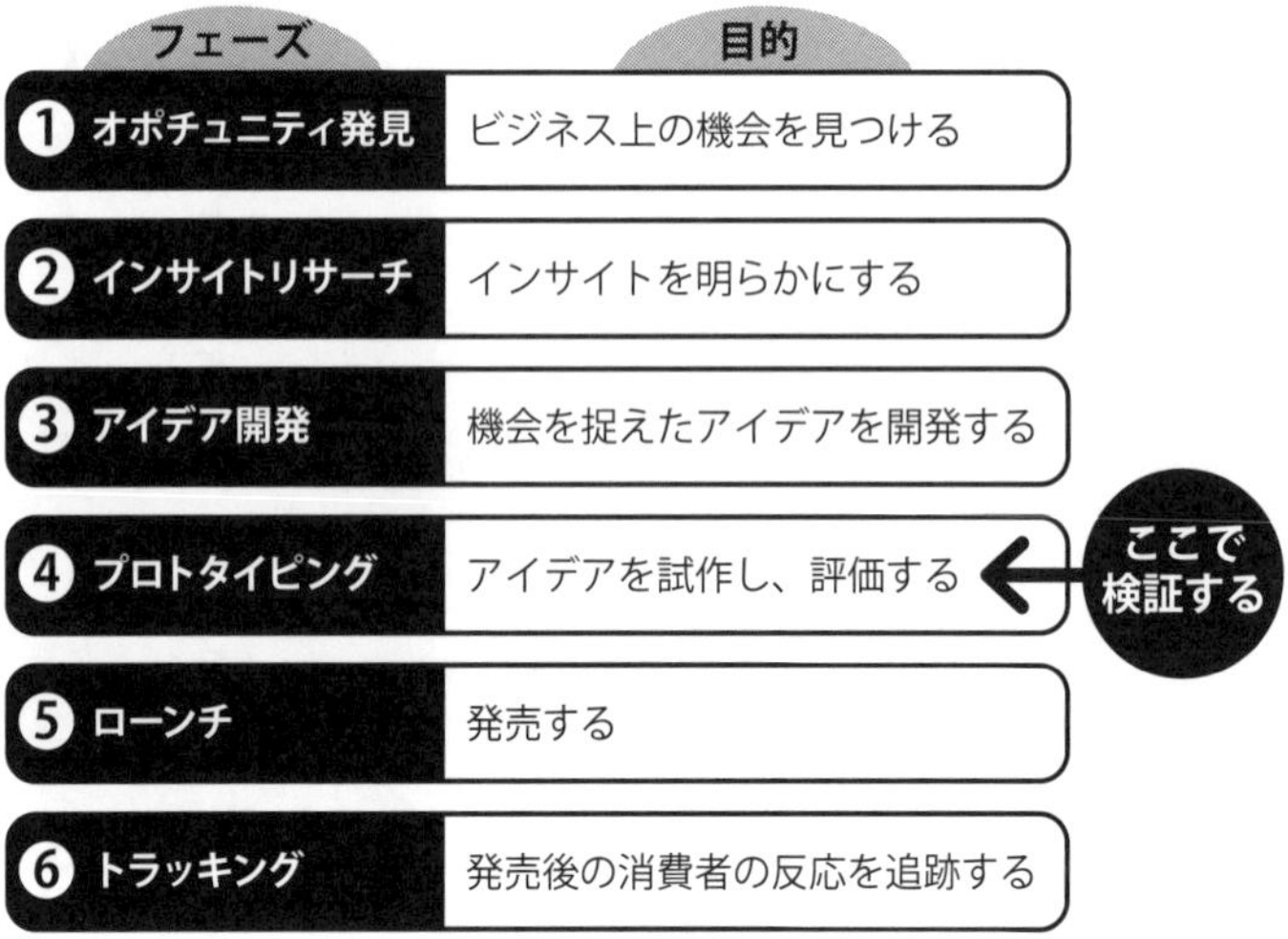

フェーズ	目的
① オポチュニティ発見	ビジネス上の機会を見つける
② インサイトリサーチ	インサイトを明らかにする
③ アイデア開発	機会を捉えたアイデアを開発する
④ プロトタイピング	アイデアを試作し、評価する ← ここで検証する
⑤ ローンチ	発売する
⑥ トラッキング	発売後の消費者の反応を追跡する

そのように検証されることで、キーインサイトから生まれたアイデアを推進していくプロジェクトに対する評価や、そこに関わる人の意欲にも影響を与えます。

キーインサイトの検証は、Ｗｅｂリサーチによる定量調査で行います。

評価尺度は「共感度」です。明らかにしたそれぞれのキーインサイトに対して、５段階（または７段階）のスケールで評価を確認します。

結果は回答の上位２項目の合計（「Ｔｏｐ２ｂｏｘ」と呼ばれる評価指標。５段階であれば「非常に共感する」＋「やや共感する」の合計）で評価します。全体として共感されているかがわかり、また、属性ごとにどのように共感が得られているかもわかります。

アイデアのプロトタイピングと検証

キーインサイトと同様に、ワークショップで生まれたアイデアについても、受容性を検証する必要があります。アイデアを具体的に形にして、これを定量調査にかけてアイデアをふるいにかけます。

ここで考えるべきなのは、「そのプロトタイプ化で、どの程度消費者に理解してもらえるのか」ということです。

自動車王ヘンリー・フォード氏が遺した有名な言葉があります。

「もし顧客に、彼らの望むものを聞いていたら、彼らは『もっと速い馬が欲しい』と答えていただろう」

これは、消費者が自分の欲しいものをわかっていないことの説明によく引き合いに出されるものです。この話をさらに拡げて、アイデアの評価について考えてみましょう。

まだ世の中に馬車しかない時代に、消費者に自動車のコンセプトを文章で提示して、「これを欲しいですか?」と聞いても、答えることができたでしょうか。おそらく答えられなかったはずです。見たことのないものを、言葉だけで説明しようとしても、相手の理解には限界があるのです。

この問題をクリアするために必要なのは、「シーン&ベネフィット」をわかりやすく提示することです。どんな時に使えて、その時にどんな良いことを自分にしてくれるのかを提示することが重要です。

スティーブ・ジョブズ氏が生前行っていた新製品発表のプレゼンテーションには、核となるシーン&ベネフィットを伝える工夫がありました。MacBook Airをビジネス用の薄い紙袋から取り出す、雑誌を見るようにソファに座ってiPadを見る、といったシーンは、単に「スゴい!」とか「カッコいい!」といったこと以上に、それだけで「欲しい」という気持ちが刺激されるパフォーマンスでした。

その時点で世の中にない商品やサービスを理解してもらい、評価してもらうこと。そのために使えるのがマンガです。「マンガプロトタイプ」を作って見せることが、その解決になります。

図6-8　マンガプロトタイプの例

毎日のお疲れ肌に
コスメの処方箋

この商品は、一日の終わりの肌の状態に合わせた最適な基礎化粧品を毎日作り出してくれるコスメメーカーです。

専用のアプリでライフスタイルや肌タイプなどの基本情報と、毎日変化する天気や睡眠の質に関する情報を分析し、その日の肌ダメージに最適なブレンドのコスメを作成します。

酸化の心配がない新鮮なケアを就寝前にすることで、生まれかわったような気分で新しい一日をスタートできます。

ドラえもんの「タケコプター」を知らない人に、その機能や魅力を言葉だけで説明するのはかなり面倒です。しかし、マンガのストーリーの中で、ドラえもんとのび太が頭にタケコプターをつけて空を飛んでいるシーンを見せれば、それが何であり、どのようなベネフィットを与えてくれるものかを理解させることができます。何しろ幼い子供たちにも直観的に伝わり人気があるのですから。それをリサーチで評価するとしても、悩むということはほぼないでしょう。

この伝達力や説明力を活かすため、アイデアの受容性をリサーチにかける際には、アイデアはすべてマンガとテキストをセットにして作成し、提示することが効果的です。（図6－8）

図6-9　購入意向と新奇性から見たアイデアの評価

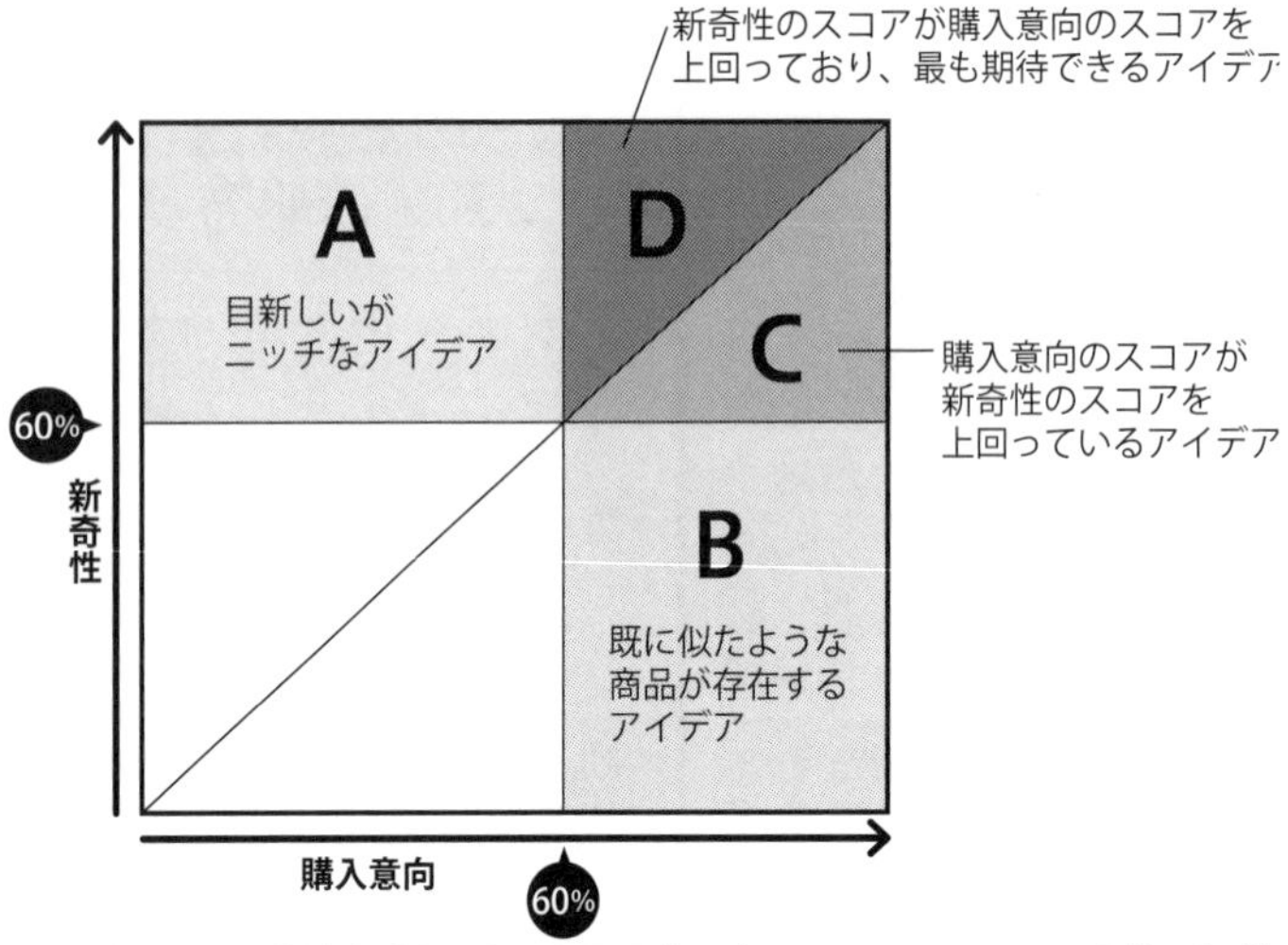

（近藤真寿男、近藤浩之『成功する商品開発』ビー・エム・エフティーを基に作成）

こうして提示したアイデアは、ふたつの指標によって評価します。それは「購入意向」と「新奇性」です。いずれも5段階で評価させます（ここでは複数のアイデアを一度に評価することを前提としています）。

「購入意向」と「新奇性」はいずれもＴｏｐ２（非常にそう思う＋ややそう思うの合計）が60％を超えていることが必要なので、60％を境に4つのエリアに大きく分かれます。その中で、Ａのエリアは、目新しいがニッチなアイデアです。これに対して、Ｂのエリアは既に似たような商品が存在するアイデアです。右上のＣとＤのエリアであれば有望ですが、ＣよりもＤのほうがより一層期待できます。それは、新奇性のスコアが購入意向のスコアを上回っているからです。ヒットするためには、まずトライアルを獲得する必要があり、その後でリピートが生まれます。従って、トライアルを産み出す力の強さが問われるのです。

また、「誰に聞くか」という対象者の条件も重要です。アイデアの属するカテゴリーの関与度が低い人をサンプリングすると結果も低く出て、逆に関与度が高い人は結果も高く出るという傾向があります。たとえば、チョコレートのアイデアを調べる場合、毎日チョコレートを食べる人に聞くとアイデアの評価は高くなり、逆に年に数回程度しか食べない人に聞くと評価は低くなるといった傾向が見られます。そのような理由から対象者条件の設定は重要です。

なお、この調査では、同時にアイデアについて定性的な評価をとることで、得られた結果から現在のアイデアを改善する手がかりを得ることができます。

キーインサイトの評価とアイデアの評価の関連性で検証する

アイデアは、キーインサイトを充たすバリュープロポジションを具現化している、という想定で作り出されています。しかし、それはあくまでアイデアを発案した人がそのよう

図6-10　全アイデアをプロットしたキーインサイト共感度と体現度一覧

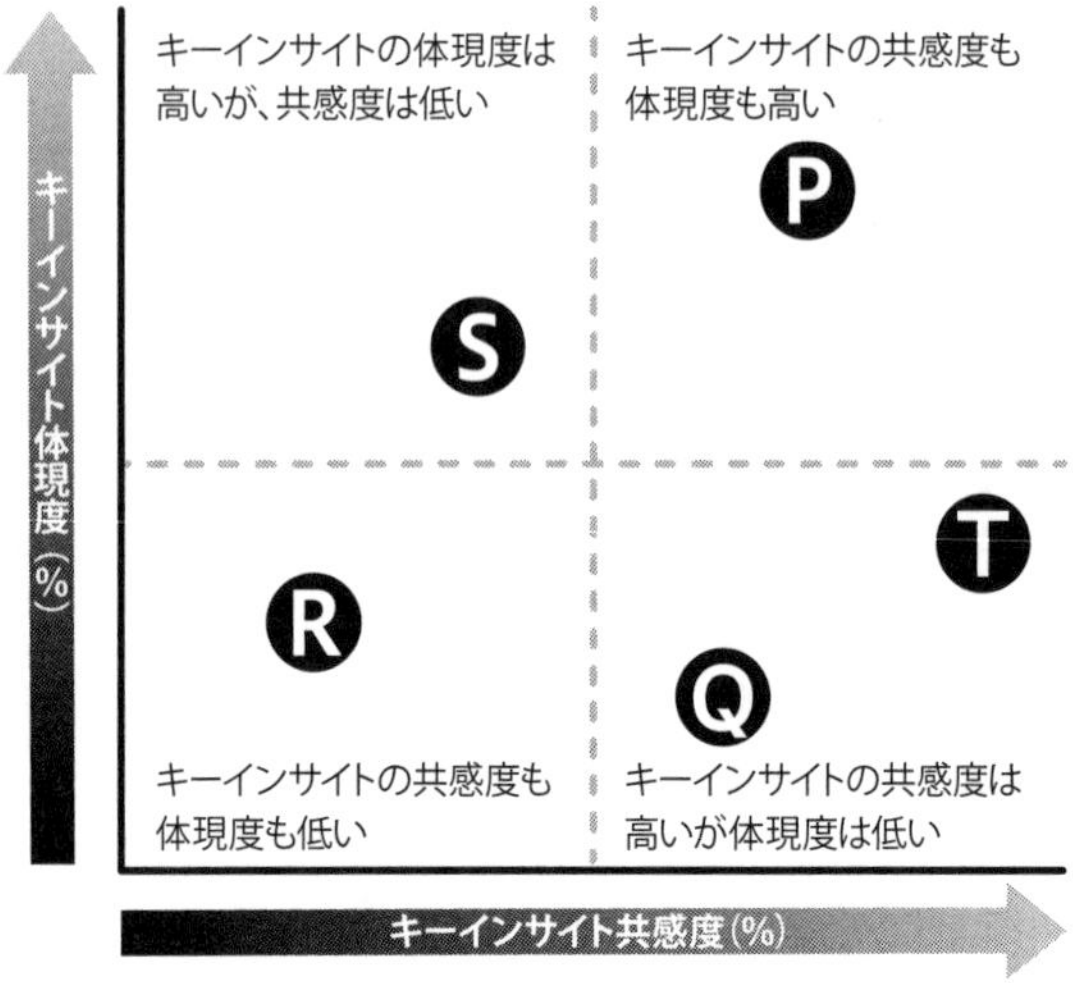

に考えているということであって、実際にそれができているかは、リサーチを通して検証する必要があります。

そこで、キーインサイトが、アイデアによって充たされているかどうかを検証します。具体的には、それぞれのアイデアごとに、キーインサイトの「体現度」を調べることで明らかになります。

この結果を用いて、キーインサイトを充たすという観点から、アイデアを改善するための手がかりを得ることができます。

また、調査したアイデアの横断的な評価も行います。複数のアイデアを一度に評価することを前提とした評価です。インサイトの共感度は同じ左右の軸に設定し、上下の軸をキーインサイトの体現度とします。ここに、調査対象としたアイデアをプロットします。

こうした時に右上のゾーンに入ったものがキーインサイトに対する共感度も高く、キーインサイトを体現できているアイデアになります。右下はキーインサイトの体現度が、左上はインサイトに対する共感度が条件を満たさないアイデアと判断できます。

右上のゾーンの中でもより右上にプロットされたアイデアが、もっとも評価の高いアイデアであると判断することができます。

第6章のまとめ

・インサイトから既成概念を壊すアイデアを考えるには、キーインサイト・バリュープロポジション・アイデアのフレームワークを用いる。消費者側の心理であるキーインサイトと、企業など送り手側からの価値提案であるバリュープロポジションは、お互いが「充たし充たされ」の関係になる。その価値提案を、アイデアとして体験できる具体策にする。

・ワークショップでは、「視点を絞る」「視点をズラす」「行動を喚起する」の3視点からアイデアを13文字以内の体言止めで表現する「ひとこと化」、インサイトをマンガで表現し共有しやすくする「インサイトマンガ」、社内外の技術をカード化しアイデアの実現可能性をコントロールする「技術カード」といったメソッドを活用する。

・ワークショップで作ったアイデアとキーインサイトは、Webリサーチによる定量調査で検証する。

第7章

インサイトを活用した業務プロセスの構築

01

インサイトを起点とする業務プロセスの再確認

「人間を見に行く」ことから始める考え方

ここまで、インサイトそのものへの理解と、その考え方をベースにした業務プロセスの流れ、その中での具体的なプロセスについて説明してきました。

この章では最後に、もう一度その流れをふりかえりながら、紹介してきたメソッドやフレームワークの意味を確認していきたいと思います。

基本的な考え方として、「人間を見に行く」ことから始めることが大切です。ブランド、競合、市場、ユーザー、という考え方を離れて、まず「人間を見る」ことから始めるべきと説明してきました。人は、作り手や送り手が思う以上に、ブランドや製品に対する関心

図7-1　インサイト起点によるプロジェクトの工程 ※再掲

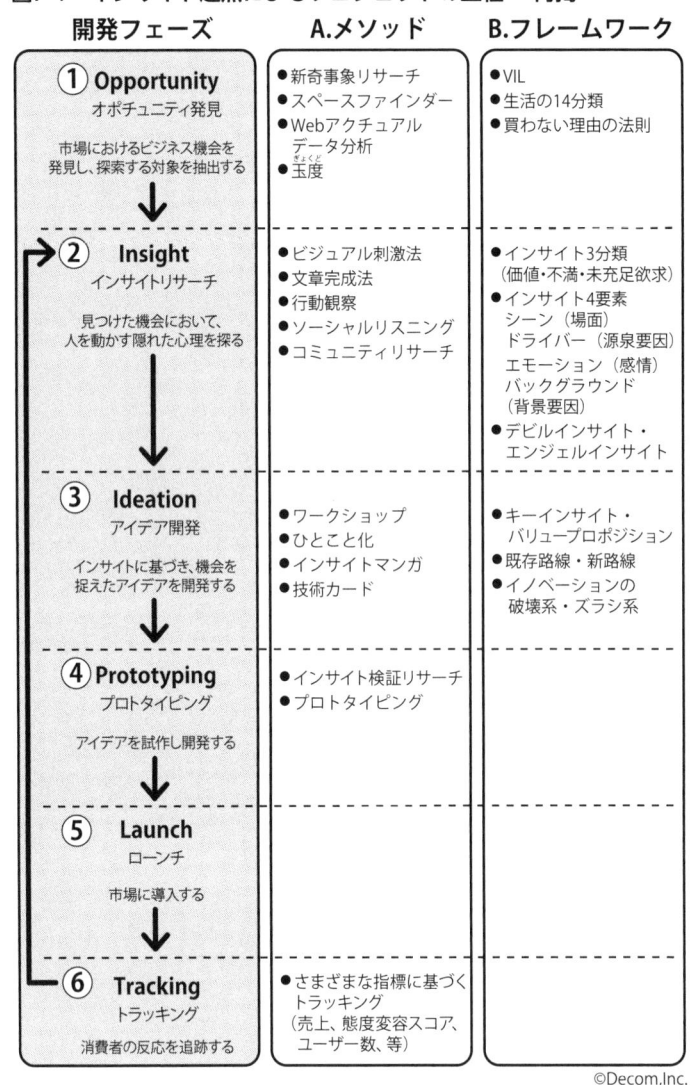

開発フェーズ	A.メソッド	B.フレームワーク
① Opportunity オポチュニティ発見 市場におけるビジネス機会を発見し、探索する対象を抽出する	●新奇事象リサーチ ●スペースファインダー ●Webアクチュアルデータ分析 ●玉度《ぎょくど》	●VIL ●生活の14分類 ●買わない理由の法則
② Insight インサイトリサーチ 見つけた機会において、人を動かす隠れた心理を探る	●ビジュアル刺激法 ●文章完成法 ●行動観察 ●ソーシャルリスニング ●コミュニティリサーチ	●インサイト3分類（価値・不満・未充足欲求） ●インサイト4要素 シーン（場面） ドライバー（源泉要因） エモーション（感情） バックグラウンド（背景要因） ●デビルインサイト・エンジェルインサイト
③ Ideation アイデア開発 インサイトに基づき、機会を捉えたアイデアを開発する	●ワークショップ ●ひとこと化 ●インサイトマンガ ●技術カード	●キーインサイト・バリュープロポジション ●既存路線・新路線 ●イノベーションの破壊系・ズラシ系
④ Prototyping プロトタイピング アイデアを試作し開発する	●インサイト検証リサーチ ●プロトタイピング	
⑤ Launch ローンチ 市場に導入する		
⑥ Tracking トラッキング 消費者の反応を追跡する	●さまざまな指標に基づくトラッキング（売上、態度変容スコア、ユーザー数、等）	

©Decom,Inc.

が驚くほどに薄いというのが現実だからです。

人間を見に行く、言い換えると「人間の興味や関心に寄り添う」ことで、人が求めていることが何か、表には出てこないがまだ充たされていないのは何なのか、すなわち、どのようなオポチュニティがあるか、を理解する手がかりが得られるのです。その一環として、「買わない理由の法則」のフレームワークを説明し、自社の製品やサービスについて直接聞かずに不満を明らかにする方法を説明しました。さらに、ブランドやカテゴリーから離れる考え方として「新奇事象リサーチ」についても紹介しました。

このような「人間を見る」アプローチのための道しるべ（ガイド）として、「VIL」と「生活の14分類」というふたつのフレームワークを紹介しました。これらでオポチュニティを探し出すテーマを定めて、その中でどのようなオポチュニティがあるかを探っていきます。

インサイトをベースに発想する業務プロセス

インサイトを活用してプロジェクトを考えていく上で、まず行うべきことは、①オポチュニティ発見です。やみくもにインサイトを探るのではなく、その前に、人々にどのような潜在的な問題があるのか、を見つけておくことが重要ということです。

具体的なオポチュニティの探り方は、「スペースファインダー」と、Ｗｅｂ上の行動履歴に着目した「Ｗｅｂアクチュアルデータ分析」。

そして、見つかったオポチュニティを漫然と次のフェーズに進めるのではなく、その可能性の高さを「玉度」で見極めます。

こうしてオポチュニティを見つけた上で、その詳細を②インサイトリサーチで掘り下げます。オポチュニティはあくまで「現状では解決されていないが、自社のビジネスで解決できそうな消費者の潜在的な問題」を見つけただけだからです。その発見を踏まえて、「では、その問題を解決するにはどうすればよいか?」の手がかりを得ることがアイデアへの道筋には欠かせません。

従って、ターゲットのインサイトを明らかにして、「アプローチするにはどうすればよいか?」を知るために、リサーチを行います。

リサーチの基本は、人に「考えさせないこと」。そうすることで、人々の無意識にあるインサイトに近づけます。

その「考えさせない」手法としては、心理学的手法を用いた「ビジュアル刺激法」や「文章完成法」、文化人類学のエスノグラフィを援用した「行動観察」、さらにＷｅｂの発言を分析する「ソーシャルリスニング」や、Web上のコミュニティを用いた「コミュニティリサーチ（MROC）」が有効です。

こうして得られた調査結果を分析し、「インサイト4要素　シーン（場面）・ドライバー（源泉要因）・エモーション（感情）・バックグラウンド（背景要因）」と「インサイト3分類（価値・不満・未充足欲求）」のフレームワークに整理します。「デビルインサイト・エンジェルインサイト」を意識することで、インサイトの理解が一面的にならないように留意することも重要と強調しました。

こうして得られたインサイトリサーチの結果を用いて、③アイデア開発を行います。アイデア開発の場はワークショップ。ここでは、「なんとなくワークショップ」にならないよう、「既成概念を壊す」メソッドやフレームワークを活用します。あえて「枠」を設けることで、いつもの思考パターンに陥らず、「既存路線」を逸脱するような「新路線」に移るイノベーションを目指します。既存のものと微少な差異を競うのではなく、「破壊系」や「ズラシ系」に至るイノベーションが目指すべきゴールになるのです。

ワークショップでは「ターゲット・キーインサイト・バリュープロポジション・アイデア」で構成されるフレームワークを活用。隠れた不満や欲求のエッセンス＝キーインサイ

ト と、価値提案＝バリュープロポジション、価値を体験させる具体策＝アイデアの3つの組み合わせを完成させます。

バリュープロポジションやアイデアの表現には「ひとこと化」のメソッドを活用することで、メンバー同士の思考を共有しコミュニケーションのロスを回避します。また、「技術カード」を用いて、アイデアの実現可能性をコントロールすることができます。

ワークショップにおけるインサイトやアイデアの共有のためには、「インサイトマンガ」も有効なメソッドになります。

このアイデアを、④プロトタイピングで試作し、評価します。

プロトタイピングの手法は、カテゴリーやプロジェクトの性質によって異なります。初期段階のアイデア評価には、テキストとマンガによるものを用いますし、より具体的に試作品やモックアップを用いることもあります。

このプロトタイプを用いて、消費者の受容性を測ります。結果を基に改善や修正を行います。

こうして、⑤ローンチ＝発売、市場導入が行われます。

その後、⑥トラッキングに入り、反応を追跡します。売上などの指標から修正・改善が必要な課題を確認します。そしてインサイトリサーチを行い、課題を解決するためのアイデアを開発します。

02

インサイトを活用した業務プロセスを構築する際のポイント

4つのポイントがある

このように、インサイトを業務に取り込んでいくとしても、さまざまな方法論が考えられます。これもまだ私たちの経験としては一部に過ぎず、これ以外にももちろん小さなアプローチから大きなプロジェクトまでいろいろ取り組んでいます。

私たちが考える、インサイトを業務のプロセスに入れていく上で重視すべきポイントは、次の4点です。

①確立されたインサイト探索の仕組みが必要

従来、インサイト探索はインタビューなどの定性調査で行われており、インタビュアーの力量にアウトプットの質が左右される懸念がありました。

しかし、リサーチに関してもインタビュー以外のＷｅｂリサーチやモバイル等の手法が使用可能になりました。さらに、ソーシャルリスニングやデータサイエンスの活用など、インタビューに頼らない手法からもインサイトを明らかにすることが可能になっています。

個人の力量ではなく、確立されたフレームワークやメソッドの力でインサイトを探索する力が必要です。

②場当たり的でない、標準化された業務プロセスで運用する

個々のケースにより柔軟な対応はもちろん必要ですが、その都度、場当たり的にプロジェクト運用が行われているようではリスクが高いと言わざるを得ません。それ以前に「基本の型」がしっかり確立されているかどうかは重要です。経験に基づいて磨かれたメソッドがあるか、それを常にブラッシュアップできているか。良いインサイト探索には確立されたフレームワークが必要です。

③データサイエンスに精通して統計的に正しい定量調査を行う

定性的な知識だけではインサイトを扱うには不十分。統計的に正しいリサーチ設計や集計、解析の能力が必要です。ＡＩの時代に、データサイエンスの世界がさらに進化することは間違いなく、そのような知識を取り込む力量も必要です。

④海外リサーチの実施体制の構築

海外市場におけるインサイトリサーチは、ネットワークを活用して、またＷｅｂの情報を活用することで以前よりさらに容易に実施ができるようになってきました。クラウドソーシングの活用、海外のリサーチャーやアンカーマンのネットワークなど、日本以外の場所でのインサイト探索の需要はこれからも増えることは確実です。そのようなリサーチを実施できる体制が必要です。

第7章のまとめ

・インサイトを用いた業務プロセスは、①オポチュニティ発見、②インサイトリサーチ、③アイデア開発、④プロトタイピング、⑤ローンチ、⑥トラッキング、の順に進む。トラッキングの結果を踏まえて再度②インサイトリサーチに戻り、改善点を見出して再度アイデア開発を行うサイクルに戻る。

・インサイトを業務プロセスに導入する際には、次の4点に留意する。
①確立されたインサイト探索の仕組み
②場当たり的でない標準化された業務プロセスの運用
③データサイエンスへの精通と統計的に正しい定量調査の実施
④海外リサーチの体制の構築

あとがき

最後までお読みいただき、ありがとうございました。

1960年に、マーケティング研究者であるセオドア・レビット氏が記した「マーケティング近視眼」という著名な論文があります。今の時代にも有益な示唆があり、多くの人が繰り返し書籍やブログなどで紹介しています。

よく採りあげられるのが、かつての米国の鉄道会社の事例です。自社の事業を「鉄道事業」として考えたために彼らは衰退してしまった。「鉄道事業」ではなく「輸送事業」と考えれば、顧客を他へ追いやることもなかった。つまりは、顧客を中心として考えず、自らの製品を中心に考えた結果だった。このように記されています。

レビット氏は経営という観点から書いていますが、このようなことは経営にかかわらずビジネスのさまざまな局面でよく見られます。人間はどうしても自分を中心に見てしまい、外へ目を向けて見ることが難しいからです。

自分が担当しているブランド、自分が扱っている商品、自分が関与している市場。人はどうしても、自分が深く関わっているものから目を離すことができません。自分のブランドやカテゴリーには、他の人も同じ熱量で興味を持っていて、ちゃんと考えてくれていると思いがちなのです。そして、そういった前提を疑おうともしません。

しかし、その前提に立つと、「競合に負けないようするには自社の商品に何を加えればよいか」「ユーザーに好かれるにはどうしたらよいか」ということにばかり囚われてしまいます。結果的に「新しい価値」を作り出すことが非常に難しい。だからイノベーションも生まれないのです。

この本の中で、「人間を見に行く」ことから始めましょう、と繰り返し書いてきたのは、そういった「近視眼」的な行動に終始している企業を、私たちもよく見るからです。

話を聞くと、現状を打開する新しい価値を創造したいと言われます。そのような思いがあるにも関わらず、日常的にやっていることは競合との比較や現在のユーザーの評価理由を聞くことに終始している。そういったことが非常に多い。それでは、ターゲットにとってどうでもよい小さな違いしか生まれず、競合との消耗戦になるだけです。

そうではなく、まず「人間を見に行く」こと。一度、自社の商品や市場から離れて、「人間が求めているもの」を知る。そして、その人間が求めていることを起点にして、自分たちの商品やカテゴリーと比較すれば、自分の商品やブランドに新たな価値を創造することができる。

「新しい価値を創造する」というゴールに向かって、私たちがたどりついた結論です。本書の中で書かれているのもその工程です。

「だいたい、良いんじゃないですか?」というモノやサービスばかり市場にあふれている現状だからこそ、一見遠回りに見えるこの工程が、実は一番の近道になるのです。

これまでそのようなやり方をしていなかった方には、ちょっと勇気がいることかもしれません。しかし、そうしないことのリスクのほうが大きいと考えてほしい。

隠れていて見えづらい「欲しい」を探るために、インサイトの方法論をぜひ有効に活用してほしい。それが私たちの願いです。

さて、日本国内で使われている研究開発費は年間約19兆円、マーケティング予算の中で最も大きな割合を占める広告費には約6兆円が使われていると言われます(研究開発費は総務省「科学技術研究調査」による2014年度の推計。企業、非営利団体、公的機関、大学等の合計。広告費は電通「2016年日本の広告費」より)。

これだけの膨大な資金、それを支える優秀な人材、そして日本の企業が脈々と培ってきた技術力。それらの貴重で大きなリソースを、「筋の良い」オポチュニティやインサイトに向かわせたい。

逆に言えば、現状「筋の悪い」ことにそのリソースが注ぎ込まれていることが多いのです。だから、そういった残念なことを無くしたい。

そうすれば、グローバル競争に負けないイノベーションを創り出せます。

その結果、日本はかつての輝きを取り戻すことができる。

それが、私たちデコムがこのビジネスを行っている理由です。

前著から約10年を経て、この本を世に送ることができました。

その前著の内容と比較すると、95%以上は新しいメソッドやフレームワークの実践知が本書に盛り込まれています。

私たちは、海外の権威ある手法をそのまま持ち込む、あるいはその真似をする、といったことでは、本質を捉えた、本物の手法開発にはならない、と日々感じています。

試行錯誤しながら、自らの手で必要なものを創り出すことにこだわってきました。

まずは、新たなメソッドやフレームワーク、作業工程などのプロトタイプを考え出します。それを実行し、うまく行かない点の改良を行います。作業手順やフレームワークの大きな改良もありますが、大半はちょっとした言い回しや細かな作業内容の変更です。

しかし、その細かな改良の積み重ねが1年、２年経つと、プロセス品質とアウトプット品質に雲泥の差となって現れてきます。

私たちデコムでは、全プロジェクトで振り返り会議を行い、そこで出た改善点を社内共有しています。プロジェクトごとにメソッドやフレームワークは改良され、内容がどんどんアップデートされます。

そして、新たなプロジェクトが開始される際には、キックオフミーティングでその最新の内容が共有され、次へ次へとつながって行きます。

このようなＰＤＣＡを日々繰り返しています。

私たちは、約15年間で６００案件以上のプロジェクトを行ってきました。

つまり、６００回転のＰＤＣＡを回してきました。

その６００回転の中で、創り出し、更新し続けてきた今の姿が、本書の内容です。

そして、今日もその創造と更新は続いています。

次の６００回転が目指すもの、それは「インサイトオートメーション構想」です。

デコムでは、これまでも自然言語処理やデータサイエンスの技術など、テクノロジーを活用し、インサイト分析やアイデア開発につなげてきました。

その他のテクノロジーも取り込み、それをさらに発展させることを目指しています。

あらゆる人が、もっと楽に、もっと早く、インサイト分析やアイデア開発を成し遂げられるようにしたい。

これまでデコムが培ってきた実践知と最新のテクノロジーで、人間が持つ創造性をさらにエンパワーメントしていきます。

どうか期待していただきたい、と思います。

本書で紹介した実践知を生み出した600回転に参画し、今日まで支えてくれた方々に感謝します。

デコムの全ての社員。そして、全ての外部パートナーの方々。

数多くのインサイトマンガ、マンガプロトタイピングを手がけていただいた中野久美子さん。

ひとこと化メソッドに関しては、倉部浩子さん。

数多くの機会を与えていただいた、全てのクライアントのみなさん。

幼児教材の事例については、橋本英知さん。

ひとこと化メソッドについては、原憲子さん。

ビジュアル刺激法Ｗｅｂ版への示唆をいただいた、太田恵理子さん。

私たちが「インサイト」に取り組むきっかけを与えていただき、その後も多くの気づきを与えていただいている、宇佐美清さん。

ここまでずっと面倒を見ていただいた、宣伝会議の渡邉雄気さん。

そして、いつも支えてくれている家族に。

次の６００回転も、その先も、引き続きよろしくお願いします。

大松孝弘
波田浩之

【参考・引用文献】

『コトラー8つの成長戦略　低成長時代に勝ち残る戦略的マーケティング』（碩学舎）フィリップ・コトラー、ミルトン・コトラー（著）、嶋口充輝、竹村正明（翻訳）

『勝ち続ける経営』（朝日新聞出版）原田泳幸

『チーム・キットカットのきっと勝つマーケティング・テレビCMに頼らないクリエイティブ・マーケティングとは？』（ダイヤモンド社）関橋英作

『ユーザーイノベーション―消費者から始まるものづくりの未来』（東洋経済新報社）小川進

『成功する商品開発―「買いたい」をつくる』（ビー・エム・エフティー）近藤真寿男、近藤浩之

『行動経済学入門』（東洋経済新報社）筒井義郎、佐々木俊一郎、山根承子、グレッグ・マルデワ

『手書きの戦略論』（宣伝会議）磯部弘毅

『アカウントプランニング思考』（日経広告研究所）小林保彦

『経済発展の理論（上・下）』（岩波書店）ヨーゼフ・シュンペーター（著）、塩野谷祐一、中山伊知郎、東畑精一（翻訳）

『T・レビット マーケティング論』（ダイヤモンド社）レビット・セオドア（著）、有賀裕子（翻訳）

『実践 行動経済学』（日経BP社）リチャード・セイラー、キャス・サンスティーン（著）、遠藤 真美（翻訳）

『行動経済学の逆襲』（早川書房）リチャード・セイラー（著）、遠藤 真美（翻訳）

『ファスト&スロー（上・下）あなたの意思はどのように決まるか？』（早川書房）ダニエル・カーネマン（著）、村井章子（翻訳）

『日経デザイン』（日経BP社）2014年5月号「特集　事例に学ぶデザイン・シンキング」

『ビジネスウィーク』1998年5月25日号

『ＷＩＬＬ』２００５年９月号「ヒットの予感」
『日本経済新聞』２０１３年５月５日「春秋」欄

【参考・引用インターネットサイト】※すべて２０１７年11月１日アクセス

「東京ディズニーランド　パーク運営の基本理念」株式会社オリエンタルランド公式サイト（http://www.olc.co.jp/ja/tdr/profile/tdl/philosophy.html）
「Ｐ＆Ｇ　社員が果たすべきMISSION」プロクター・アンド・ギャンブル・ジャパン株式会社公式サイト（http://pgsaiyo.com/campus/function/cmk/cmfm.html）
「ＡＫＢ48オフィシャルブログ」（https://ameblo.jp/akihabara48/entry-10003362774.html#main）
「『溶けてなくなる』埋め込み式の脳センサー」WIRED（https://wired.jp/2016/03/01/soluble-brain-monitoring-implants/）
「ブランドマネージャーの考え方　第１回　ブランドの原点に立ち返る」株式会社クロス・マーケティング（https://www.cross-m.co.jp/column/insight/insight22/）
「２０１６年　日本の広告費」株式会社電通（http://www.dentsu.co.jp/knowledge/ad_cost/2016/）
「科学技術研究調査」総務省統計局（http://www.stat.go.jp/data/kagaku/）

「欲しい」の本質
人を動かす隠れた心理「インサイト」の見つけ方

発行日　2017年12月1日　初版

著　者　大松孝弘・波田浩之
発行者　東 英弥
発行所　株式会社宣伝会議
〒107-8550　東京都港区南青山 3-11-13
tel.03-3475-3010（代表）
http://www.sendenkaigi.com/

印刷・製本　中央精版印刷株式会社
装丁・DTP　ISSHIKI

ISBN 978-4-88335-420-7　C2063